KB058098

매너의
문화사

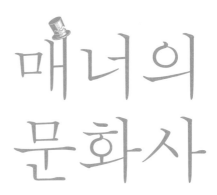

매너라는
형식 뒤에
숨겨진
**짧고 유쾌한
역사**

아리 투루넨 &
마르쿠스 파르타넨 지음

이지윤 옮김

매너의
문화사

지식너머

이 책은 매너에 관한 책입니다. 첫인사부터 굿나잇 키스까지, 우리가 소위 매너라고 부르는 행동 양식이 상황에 맞춰 어떻게 형성되었는지를 다루고 있지요. 매너의 역사를 관통하는 이 여정은 독자를 낯설지만 매력적인 세계로, 익숙하면서도 때로는 당혹스러운 세계로 이끌 것입니다.

이 책은 매너로 불리는 행위가 무조건 긍정적으로만 평가받을 일은 아니라는 점을 증명해보일 것입니다. 오늘날 예의 바르다고 평가받을 많은 풍습의 이면에는 한 번쯤 의심해볼 만한, 때론 비양심적이라고까지 할 만한 이야기가 숨어 있기 때문이지요.

남녀가 동등하게 대우받는 분위기 속에서 자란 스칸디나비아 출신 남자들은 종종 문 앞에서 여자들에게 먼저 양보하지 않는다고 비난을 받곤 합니다. 그럴 때면 그런 풍습이 생겨난 미심쩍은 역사를 돌이켜볼 필요가 있지요.

이 풍습은 성문에 암살자가 숨어 있을지도 모른다고 걱정한 중세 기사들이 만들어냈습니다. 여기서 먼저 문을 통과할 권리를 여자들에게 양보한 기사들의 의도는

4

굳이 설명하지 않아도 짐작할 수 있겠지요? '반짝인다고 해서 모두 금은 아니다'라는 말은 매너의 역사에서도 효력을 발휘합니다.

그래도 이 자리에서만큼은 우리 독자들에게 모든 예의를 갖추어 인사하고 싶군요. 독자 여러분, 매너의 역사에 들어오신 것을 진심으로 환영합니다!

헬싱키에서,
아리 투루넨 & 마르쿠스 파르타넨

(*contents*)

3. 인사법

: 인사의 원래 기능은 서로의 손에
무기가 없다는 것을 확인하는 데 있었다.

44

4. 식사예절

: 식사와 관련된 규칙은 모든 사회에서
관계를 형성하는 데 핵심적인 역할을 했다.

60

5. 자연 욕구와 분비물

: 화장실에서 용무를 해결하는 일이
사생활로 보호받기 시작한 지가 그리 오래되지 않았다.

92

6. 눈물과 웃음

: 사람들은 공개된 장소에서 눈물을 흘리는 것엔 호의를 보이지만,
혼자서 웃는 것은 꺼림칙하게 생각한다. 그 이유는 뭘까?

120

7. 공격성

: 무리가 커질수록 공개적인 적대 행위를
방지하기 위한 규칙이 절실해졌다.

152

8. 성생활

: 인간은 짝짓기 기간이 따로 없는 유일한 동물이다.
문제는 바로 이것 때문에 생겨났다.

9. 디지털 중세시대

: 사람들은 이제 SNS 공간에서 허세를 떨고
서로를 유혹하고 행패를 부린다.
중세 기사들의 무절제한 태도가 또다시 만개하고 있다.

나가며

매너의 시작

인간은 매너를 통해
자신이 동물과 얼마나 멀리 떨어져 있는
존재인지 증명하고자 애썼다.

세계를 네 부분으로 나눴을 때 유럽은 제일 작은데도 불구하고, 여러 이유에서 다른 세 부분을 선도한다. (…) 그곳의 주민은 행실이 훌륭하고, 예의 바르며, 학문과 수공업 분야에 뛰어난 감각을 자랑한다.

《챈들러의 백과사전》, 제8권, 2195열, 1734.

유럽은 지질학적 계통으로 봤을 때나 문화사적, 정치적 의미를 따질 때도 다섯 개의 대륙 중 가장 중요한 위치에 있다. 그 때문에 유럽은 물질적으로는 물론 정신적인 면에서도 다른 대륙에 압도적인 영향력을 발휘하며 주도권을 쥐어왔다.

앞에서 인용된 두 권의 독일 백과사전이 정의한 것처럼, 유럽인들은 수백 년간 그들의 문명과 매너를 발전시켜왔다. 유럽 정신이란 그들 고유의 특정한 행동 방식과 압도적인 문화를 의미했다. 외부인들은 유럽 대륙에 발을 디디는 순간 이러한 문화와 행동 방식에 깊은 감명을 받았다.

하지만 이 책은 유럽인의 미덕이라 여겨져 온 것에 대해 다른 관점을 제시하고자 한다. 유럽을 마치 '매사에 적절하게 행동하는 사람들의 클럽'처럼 여기는 고정관념에 흠집을 낼 것이다.

공식적인 식사 자리에서는 온갖 미사여구를 동원해 같은 테이블에 앉은 사람을 칭찬하고, 때에 맞춰 정해진 방식으로 옷을 차려입고, 와인은 취하지 않을 때까지만 마시는 것이 유럽인들의 전형적인 행동이다.

하지만 그들이 선한 의도로 그렇게 행동하는 것은 아니다. 그저 정교하게 정해진 행동 규범을 외형적으로만 따른 것에 불과하다. 성폭행 미수 혐의로 체포된 도미니크 슈트라우스 칸Dominique Strauss-Kahn 전 IMF 총재나 실비오 베를루스코니Silvio Berlusconi 전 이탈리아 대통령만 보더라도 훌륭한 매너가 곧 선한 마음을 뜻하지 않는다는 것을 명백하게 알 수 있다. 그들은 자신의 궁전을 찾은 손님 앞에서 우아하게 차려입고 형식상으로는 나무랄 데 없는 대화를 이끌어 갈 줄 아는 사람들이었다.

이 책은 눈앞에 드러나는 형식의 이면을 파고들어 '도대체 훌륭한 매너란 무엇인가'를 질문하고자 한다. 아니, 좀 더 솔직하게 말하자면, 과연 훌륭한 매너라는 게 존재하기나 하는지, 아니면 그저 본능적이고 동물적인 인간의 행동을 억제하기 위해 고안된 정신적 울타리를 그렇게 부르는 것에 불과한지를 탐구하려 한다. 이를 위해선 하나의 행동 규범으로 묶여버린 유럽 연합을 떠올리기 전에, 일단 유럽의 매너가 형성된 역사와 몇몇 엄격한 행동 규칙이 갖는 이른바 '미덕'이라는 것의 실체를 따져볼 필요가 있다.

앞서 언급된 독일의 백과사전들은 유럽이 다른 네 개의, 혹은 오세아니아가 발견된 이후부터는 다섯 개의 대륙보다 더 중요하고 더 문명화된 대륙이라고 치켜세웠다.

그러나 유럽 밖에서는 이러한 세계관이 의심의 대상이었다. 중국 역사가인 쑤 지유Xu Jiyu는 1848년 출간한 책에서 이른바 '서쪽 대양의 사람들'은 세계를 몇 개의 서로 다른 조각, 즉 대륙으로 나눈다고 전했다. 이 대륙은 유럽, 아프리카, 아메리카, 아시아였다. 그는 또 유럽인들의 시각에서 중국은 아시아에 속한다면서, 그렇다면 아시아와 유럽의 경계는 어디인지를 생각해봐야 한다고 주장했다. 그의 눈에 유럽은 유라시아 대륙의 서쪽 끝에 달린 반도에 불과했기 때문이었다.

지유의 주장은 상당히 논리적이다. 누구도 유럽의 경계가 어디인지를 확언할 수 없기 때문이다. 그의 주장은 또한 합리적이다. 유럽은 따로 독립된 단독의 대륙이 아니라, 유라시아 대륙판 한구석에 놓인 지역일 뿐이다.

하지만 지리적, 문화적 기준을 정하려 부단히 노력한 결과, 보스포루스해협에서부터 코카서스산맥을 지나 우랄산맥에 이르는 유럽의 동쪽 경계가 만들어졌다. 하지만 막상 이스탄불에서 페리를 타고 보스포루스해협 동쪽으로 건너간들, 탁심광장 앞 카페에 앉아 바라본 서쪽 풍경과 다른 점이 발견되지 않는다.

또한 우랄산맥 동쪽에 사는 러시아인들이 산맥 서쪽에 사는 러시아인들과 확연하게 다른 행동을 하는 것도 아니다. 유럽의 지리학자들의 관점에서 코카서스산맥의 북동쪽에 사는 주민은 유럽인이고, 남동쪽에 사는 주민은 아시아인이다. 하지만 우랄이나 코카서스산맥을 대륙을 가르는 경계로 삼는 논리대로라면, 북미 지역도 로키산맥을 기준으로 다른 대륙으로 구별해야 한다.

유럽 최대의 음악 경연 프로그램인 〈유로비전 송 콘테스트〉는 남과 북의 모든 유럽인을 텔레비전 앞으로 모이게 했다. 이 프로그램의 시청자 수는 유럽연합 의회 선거에 참여한 투표자 수를 넘어선다. 사실 유럽연합 의회 선거의 투표율은 각 국가의 의회 선거 투표율보다도 낮다.

이 프로그램 참가 신청자의 지역별 분포를 보면, 유럽의 범위는 기존 교과서의 정의보다 동과 서로 훨씬 더 확장돼야 한다. 코카서스 남쪽에 있는 조지아, 아르메니아, 아제르바이잔이나 이스라엘, 터키에 사는 사람들도 이 경연 프로그램에 참가 신청을 했기 때문이다.

유럽연합의 단일 통화인 유로를 제외하고선 '유로euro'로 시작하는 모든 개념이 다소 흐물흐물하게 느껴진다. 복잡하다기보단 명확하지 못하다. "우리는 유럽에 산다"라고 할 때, 과연 '우리'가 어디에 있다는 뜻인지 정확히 알 수 있을까? 혹은 '유럽적이지 않다'고 생각하는 것을 정의함으로써 유럽을 정의하는 것은 아닐까?

문명화된 대륙이라는 개념을 만들어낸 것은 계몽시대 유럽의 철학자다. 유럽은 정신세계의 발전을 선도하는 북극성으로 여겨지며, 세련된 문화로 세계의 다른 부분과 구별되었다. 철학자이자 경제학자인 애덤 스미스Adam Smith는 자신의 책에 이렇게 기술하며, 유럽이 아닌 다른 지역의 사람들은 모두 야만적이고 문명화되지 못하였으며 거칠다고 주장했다. 스미스에 따르면, 유럽 이외의 지역이 야만에 머물러 있음을 드러내는 징표가 바로 유럽과 같은 규격화된 상거래가 정착되지 않았다는 것이었다.

이 계몽주의자의 자기만족은 오늘날에 와서는 비웃음거리가 되었지만, 이전에는 '유럽적인 것'을 규정하는 토론은 모두 '유럽적이지 않은 것'을 정의하는 것에서부터 시작되었다.

외국인 = 야만인

계몽주의 철학자가 다른 민족을 차별한 것이 딱히 새로운 일은 아니다. 예로부터 모든 인간 공동체는 다른 동물 혹은 자신의 공동체에 속하지 않은 다른 인간과 경계를 지으면서 살아왔다.

모든 사회가 규정하는 '인간' 개념의 의미는, 잠재적으로나 노골적으로나 자신이 속한 무리의 일원에게 한정된다. 인간에게 외부인은 종류가 다른 인간이자 문명화되지 못한, 때로는 거칠고 야만적이기까지 한 대상이며, 이 모든 성질을 '매너가 없다'는 한마디로 요약한다. '인간답다'라는 말은, 곧 적절하게 처신한다는 뜻이며 상황에 맞는 몸짓으로 정해진 때에 정해진 말을 한다는 의미다.

자신이 속한 집단의 문화가 다른 집단의 문화보다 낫다는 생각의 뿌리는 매우 깊다. 고대 이집트 때부터 이미 인간은 자신의 견해를 다른 민족들과 차별화하려고 노력했다.

고대 그리스어에 나타난 '야만Barbar'의 개념을 살펴보자. 그리스인들의 귀엔 외국어가 마치 '발발barbar' 하고 개가 짖는 소리처럼 들렸다. 그래서 그들은 외국인들을 개와 같은 발달 수준에 있는 것으로 규정했다.

인도어에도 외국인을 비하하여 부르는 '바르바라barbara'란 단어가 있다. 이 비속어는 어원학적으로 그리스어의 '야만'과 유사하다. 산크리스트어를 잘하지 못하는 외국인들이 그 언어에 유독 많이 등장하는 'r'을 더듬거리면서 발음하는 것을 흉내 내 '바르바라'라고 부른 것이다. 곧 이 단어는 '어릿광대'나 '멍청이'의 동의어로 자리잡는다.

언어를 통해 자신들의 문화를 지켜내기로는 프랑스인만큼 유명한 민족도 없다. 그 노력이 어찌나 치열한지, 프랑스인이 아닌 사람은 인종차별에 가까운 대우를 받을 정도다. 프랑스어 '바르바리스마barbarisme'는 언어에 관한 그들의 오래된 생각이 오늘날까지 이어지고 있음을 보여주는 실제적인 예다. '바르바리스마'는 명백한 언어적 실수를 뜻한다.

'우리의' 언어를 완벽하게 구사하지 못한다는 이유로 외국인을 열등하게 여기는 현상은 모든 문화권에서 관찰된다. 슬라브인은 독일인을 '벙어리'라고 불렀고, 남미의 마야인은 이웃 나라 사람들을 '말더듬이'라고 했다. 아스텍 사람도 그들의 언어를 하지 못하는 사람들을 야만적이고 거칠다고 주장했다.

외국인을 경계했던 중요한 이유 중 또 하나는 그들의 행동 방식과 외모였다. 예를 들어, 중국인들은 유럽인들이 매너가 형편없다고 흉을 봤는데, 그 이유는 유럽인들이 불편한 것을 참지 않고 표현했기 때문이었다. 남태평양 사람들은 유럽인들을 '쿡 선장'의 이름을 따서 '쿠키'라고 부르는데, 그들에게 '쿠키'란 '붉은 머리를 하고 코가 큰 야만인'을 의미한다.

매너에 능숙하다는 것

외모로 드러나는 특징과 언어 외의 특성, 이른바 문화적 우수성이라는 것을 '유럽적인 것'과 연결시킬 때, 이 '유럽적인 것'을 정의하는 작업은 더욱 복잡해진다. 오늘날의 '유로-피어니즘Europeanism'은 그 어떤 무언가가 집약된 민족 정체성의 모자이크다. 다시 말해, 그 어떤 무언가를 선뜻 규정하기가 쉽지 않다.

사실 '민족 정체성'이라는 것부터가 이미 모호한 개념이다. 유럽 사회를 구성하는 하위문화는 점점 더 다양해지고 있다. 역사적으로 민족 정체성은 유럽에서 민족국가가 발생하기 시작한 근대와 연결돼 있다. 민족 정체성을 구성하는 요소로는 공통의 언어와 공동의 민족적 상징, 표기 방식, 민담, 민족성 그리고 공통의 행동 경향과 행동 습관, 공통의 매너 등이 있다.

유럽의 다문화성은 늘어나는 기존 이민 인구에 난민의 유입까지 더해져 점점 더 강화되는 추세다. 다문화성에는 복잡하고도 정치색이 짙은 문제가 얽혀 있는데, 이는 모두가 함께 신중하게 해결해야만 한다. 동시에 이민에 관한 입장에는 여러 가지 감정이 섞여 있다. 낯선 문화는 곧 위협으로 간주하는 것이 인간의 고유한 습성이다. 그래서 사람들은 새로 이주한 사람들에게 그 나라 특유의 풍속을 지킬 것을 요구한다. 프랑스 출신 폴 리쾨르 Paul Ricœur를 비롯한 많은 사회 철학자들은 다문화적 상황에 직면한 사람들의 마음에 생겨난 감정에 주목했다. 리쾨르에 따르면, 사람들은 그들의 고유한 문화가 훼손될까 염려한 나머지 다문화성이 위협적이라 생각한다.

그런데 유럽 하늘 아래에서 그런 염려는 하등 새로운 것이 없다. 이미 중세부터 서로 다른 민족 간이나 한 민족의 후손들 사이에서 그들 고유의 풍습과 '다른' 풍습을 분명하게 구별하려는 필사적인 노력이 있었다. 그래서 '적절하게' 행동하고 공동체가 수용할 수 있는 예절 규칙을 따르는 일이 항상 중요하게 여겨졌다. 민족 국가가 발생하고 국가가 폭력을 독점하기 수백 년 전부터 이미 유럽의 사람들은 행동을 규제하면서 그들의 공격성과 두려움을 통제해왔다. 예를 들어, 오늘날 당연하게 받아들이는 몸으로 하는 인사법들은 모두 상대에게 적대적인 의도가 없거나 무기를 소지하지 않았다는 것을 알리기 위한 목적으로 생겨났다.

사람들은 하나의 행동 기준을 바람직하다고 받아들였지만, 그렇다고 해서 그것이 조화롭고 갈등 없는 생활을 보장하지는 않았다. 적어도 역사는 우리에게 이렇게 말하고 있다. 무엇이 '적절한' 행동인가를 정의하는 것은, 사람들 무리에서 사회계급의 경계를 확고히 하려는 의지와 밀접하게 연관돼 있다. 그래서 사회적 매너에 능숙하다는 것은 양날의 검처럼 여겨진다.

이 책은 우리가 일상에서 매너라고 생각하는 행동 중 상당 부분이 중세 유럽의 궁정 귀족과 교육 체계에 뿌리를 두고 있으며, 그 당위성을 한 번쯤 의심해볼 만하다는 것을 풍부한 예시를 통해 증명할 것이다.

매너라는 가면

사실 행동 규범에 대한 비판은 이미 오래전부터 있었다.

예를 들어, 18세기 프랑스 미라보 백작Graf Mirbeau은 베르사유 궁의 에티켓이 순전히 보여주기에 불과하다고 비판했다. 그의 주장에 따르면, 그 시대의 학식이 있다 하는 자들은 문명을 잘못 이해하고 있었다. 그들은 행동 양식의 세련됨과 예법에 대해 논하지만 이런 현상은 그저 덕스러워 보이도록 꾸미는 가면일 뿐, 덕의 진실한 얼굴은 아니라는 것이 그의 진단이었다.

미라보 백작은 또 이러한 문명이 사회를 하나도 바꾸지 못할 것이라고 주장했다. 그들의 문명은 덕의 핵심과 인간의 이상에 미치지 못한다는 이유에서였다. 그는 심지어 프랑스 궁정의 행동 양식이 의복이나 향수, 화장, 가발 등으로 우아해보이게 하는 것에만 치중하는 사회적 놀음의 일부일 뿐이라고까지 비판했다.

요즘 말로 바꾸면, 매너라는 것이 모두 피상적인 것에 불과하다는 얘기다. 그런데도 그를 제외한 베르사유 밖의 유럽 사람들과 다른 나라들은 파리의 궁궐 안에서 벌어지는 연극에 감탄하며 모방하기에 급급했다.

같은 문화권 안에서도 사회계층에 따라 매너가 뜻하는 바가 달랐다. 유럽의 귀족 계급은 다른 계급이나 일반 농부들로부터 자신들이 돋보이기 위한 용도로 세련된 매너를 발달시켰다. 그 결과 16, 17세기 예절 교본은 대부분 예절 교육을 강조하는 데 할애되었다. 여러 예절 교본에서 하위계층의 자손들은 나귀나 원숭이에 빗대어 그려지며 마치 짐승의 일종인 것처럼 다루어졌다.

그런데 궁중 에티켓이 사회의 하위계층에까지 퍼져나가면서 귀족들의 자존심에 금이 갔다. 이미 17세기 말에 등장한 작품들에서부터 궁중의 예절이 일반 시민계급보다 나은 것이 없다는 소문이 두루 퍼졌다.

오늘날의 사회가 일상적인 면에서는 중세나 근대 초기보다 훨씬 더 '민주적'이라고는 하지만, 도시 풍습 중에서는 여전히 계층 차별에 기여하는 여러 가지 메커니즘이 발견된다. 17세기에는 프랑스 왕실이 선구자 역할을 했다면, 오늘날 그 추종자들은 소셜미디어에 모여 있다. 소셜미디어를 통해 그들은 자신의 가치를 전 세계에 퍼뜨린다.

소셜미디어는 또한 스스로에게도 매력적이고 흥미로워보여야 한다는 부담을 준다. 평범함, 겸손함, 조용함 등은 이 세계에서 아무런 가치가 없다. 그보다는 어떻게 하면 프로필 사진을 좀 더 프로답게, 매력적으로 보이게 할 것인가를 연구하라는 조언이 여기저기서 쏟아진다. 그러기 위해선 외모와 스타일이 관건이다. 소셜미디어 안에서 강요된 미소를 짓는 사람들이나 베르사유에서 가발을 쓰고 서 있는 사람들 모두에게 해당하는 이야기다.

문명화된 동물, 인간

이 책을 쓰는 데는 사회학자 노베르트 엘리아스Nobert Elias의 대표작인 《문명화 과정, 매너의 역사》가 중요한 영감을 줬다.

엘리아스의 문명화 이론은 인간이, 특히 유럽의 인간들이 시간의 흐름에 따라 엄격한 행위 규범을 발달시켜온 과정을 다룬다. 인간의 본능에서 비롯된 행동은 사회를 구성하고 사는 데에 있어서 위험을 일으키는 요소로 판명됐다. 그래서 인간들은 자신의 본능을 통제하기 위해 자연적 욕구와 신체 기능을 지배하는 행동 규범을 만들었다. 그렇게 인간의 폭력성과 성욕, 식사 방법은 물론이고 눈물을 비롯한 각종 신체 분비물까지 끊임없는 감시 아래 놓이게 되었다.

엘리아스는 자신의 연구에서 유럽 문화의 '자기 문명화' 과정을 일목요연하게 보여주면서 문명화라는 것이 절대 '자연 그대로의 것'이 아님을 증명했다. 엘리아스는 많은 사람이, 마치 설명할 수 없는 천재지변에 휩쓸린 중세 사람들처럼, 잔뜩 겁을 먹은 채 문명화와 대면하게 되었다고 생각했다.

인간 행동의 무의식적 규범을 분석한 학자로는 동물학자이자 행동연구가 데즈먼드 모리스Desmond Morris

가 대표적이다. 그는 인간이 어떤 행동을 했다고 주장하는지가 아니라 실제로 어떤 행동을 하는지에 관심을 가졌다. 인간에게서 그저 동물적인 부분만을 본다는 일각의 비판에, 모리스는 우리의 행동이 동물적 유산의 일부라고 맞받아쳤다. 시간이 흘렀어도 우리의 행동은 크게 변하지 않았다. 그것은 인간이라는 종種이 항상 일정한 감정적 욕구를 가져왔고, 이를 표현하기 위해 일정한 방식을 취해왔기 때문이다. 시대가 변했어도 비슷한 예법서들은 그의 견해를 뒷받침해준다.

예를 들어, 예의 바르게 허리를 굽히거나 무릎을 꿇는 것은 특정 풍습을 터득한 결과라기보다 생물학적 유산의 일종으로 보는 편이 맞다. 동물들 사이에서도 몸을 웅크리거나 고개를 아래로 낮추는 행동을 하는데, 이는 자신의 몸을 작게 만들거나 덜 위협적으로 보이게 해서 화가 난 무리의 우두머리를 진정시키는 기능을 한다. 계급이 높은 사람을 만났을 때 다른 사람이 허리를 굽히거나 무릎을 꿇는 것 또한 자신의 공손함을 드러내기 위한 수단이다.

주로 제스처나 표정, 자세 등으로 드러나는 비언어적 의사소통은 워낙 생물학적이고 본능적인 행동이다 보니, 특정한 규제를 통해 이를 통제하고 규범화하려는 노력이 꾸준히 있었다. 인간은 자신들의 행동이 야생동물과 다를 게 없다는 점을 받아들이지 않았다. 매너는 인간들이 자신과 동물이 얼마나 멀리 떨어져 있는 존재인지를 증명하기 위한 수단이 되었다.

그 책은 왜 베스트셀러가 됐을까?

네덜란드의 인문학자인 에라스무스 폰 로테르담Erasmus von Rotterdam은 1530년 예법서인 《어린이들을 위한 예절 핸드북》을 출간했다. 이 책은 유럽 문화에 있어서 다양한 관점을 제시한 표석이라는 평가를 받는데, 예절이란 장르를 다룬 책으로는 최초이자 전 시대를 통틀어 가장 성공적인 책이었기 때문이다. 17세기 말 프랑스 학술원의 백과사전이 기록한 바에 따르면, 어떤 사람이 일상적으로 지켜야 할 행동을 제대로 해내지 못했을 때를 표현하는 관용구로 '에라스무스의 예법서를 읽지 않았다'라는 말이 통용되었다.

에라스무스는 원래 하인리히라는 어린 왕족을 교육하기 위한 교본으로 이 얇은 책을 썼다. 하지만 출간된 지 얼마 지나지 않아 이 책은 유럽의 상위계층 사람들이 예절이란 분야에 얼마나 많은 관심이 있는지를 증명해보였다. 에라스무스가 세상을 뜨던 1536년, 이 책은 이미 30쇄를 찍었다. 18세기에 들어서는 라틴어판이 130쇄를 넘었다. 유럽 전역의 학교가 그의 예법서를 사내아이들을 교육하는 교본으로 삼았다. 라틴어 원본이 나온 지 얼마 지나지 않아 영어 번역본도 출간되었다. 이후 수많은 다른 언어로도 번역이 되었을 뿐만 아니라, 내용을 도용한 표절작들도 다수 출간되었다.

에라스무스의 예법서는 어떤 거대한 사회적 욕구에 부응했던 까닭에 성공을 거둘 수 있었다. 중세가 끝나가고 근대가 시작되던 당시에 훌륭한 매너는 사회적 구별을 위한 주요 도구였다. 그리고 에라스무스의 책은 '문명화된 예절'을 배우기에 탁월한 입문서였다. 이 책을 통해 라틴어 '키빌리타스civilitas'에는 '문명화된 예절'이란 새로운 의미가 더해졌고, 이 개념은 향후 유럽 사회가 자기 이미지를 형성하는 데 중심적 역할을 했다. 그 결과 프랑스의 'civilité', 영어의 'civility', 이탈리아어의 'civiltà', 독일어의 'Zivilität' 등 유럽의 다른 언어에서도 문명을 뜻하는 단어가 만들어졌다.

오늘날 훌륭한 매너라고 여겨지는 거의 대부분의 행동은 에라스무스 시대에 시작되어 오늘날까지 유지돼온 '문명화 과정'에서 발생한 것이라는 점을 떠올릴 때, 그와 그의 예법서가 얼마나 중요한지를 알 수 있다. 이 문명화 과정은 오늘날까지 계속해서 발전해왔다. 시간이 지남에 따라 '바른 예절'은 마치 기본 정신처럼 일상에 스며

들었고 오늘날 사람들은 아예 그 존재를 인식하지 못할 정도가 됐다. 그렇기 때문에 현재 우리의 매너를 있게 한 산파와도 같은 존재인 에라스무스의 얇지만 명쾌한 책은 여러 관점에서 더 정확하게 해석될 필요가 있다.

에라스무스가 핸드북에서 제시한 많은 지침은 오늘날엔 어린 시절부터 배우는 기본 규칙에 해당한다. 그중에서도 에라스무스가 권장한 식사예절의 대부분은 오늘날에도 유용하게 활용된다.

물론 더 이상 예절에 포함되지 않는 것도 있다. 예컨대, '무언가를 집어먹었는데 도저히 삼킬 수 없거든 몸을 뒤로 돌려서 조용히 뱉으라'는 것을 예절이라고 따로 가르치는 사람은 더 이상 없다. 책에는 또한 배변이나 구토하는 방법처럼 이제는 예법서가 다루지 않는 내용도 다수 포함하고 있다. 또한 오늘날의 독자들이 그 의미를 곧바로 이해하기 어려운 행동이 권고되는 경우도 종종 있다.

훌륭한 매너는 애초에 귀족 계급이 자신들을 일반 민중과 구별하기 위한 도구로 개발한 것이다. 그러나 450년 전에 예법서를 쓴 에라스무스 폰 로테르담의 목표는 달랐다. 그는 "평범하거나 천박한 신분을 운명으로 태어난 자들은 예의범절을 갖추는 데 더 큰 노력을 기울여야 그들의 복 없음을 상쇄할 수 있다"고 주장했다. 다른 말로 하자면, 에라스무스의 예법서는 교습의 대상을 특정 계급으로 한정하지 않았다. 이는 당시로써는 매우 이례적인 태도였다.

이탈리아는 물론, 특히 프랑스에서 예법서는 무조건 귀족들을 가르치는 용도로 쓰였다. 유럽의 다른 나라들과 달리 독일에서는 처음부터 문명이 다소 '민주적'으로 시작된 경향이 있었으나, 그렇다 하더라도 다른 예법서의 저자들이 에라스무스의 계급 중립적인 태도를 따라오는 데는 오랜 시간이 걸렸다.

안내자로서 에라스무스의 온화한 화법 또한 독특하게 여겨졌다. 본래 인문학자인 그는 '올바른' 예절을 엄격하게 지도하기보다는, 어린아이들이 다양한 상황에서 적용할 수 있도록 객관적으로 서술했다. 매너 교육은 가정적인 분위기에서 이뤄져야 한다는 것이 에라스무스의 생각이었다. 반면, 학교에서 가르칠 목적으로 쓰인 오래된 예법서들은 어투가 단호하고 명령조에 가까웠다.

몸가짐과
바디랭귀지

시대마다 이른바
'통하는' 태도와 바디랭귀지가 달랐다.

품위 있는 사람은 길에서 뛰지 않는다. 서두르지
도 않는다. 그런 건 하인들에게나 어울리지 신사
에게 적절한 태도가 아니다. 급하게 뛰다보면 지
치고 땀이 나고 숨을 헐떡이게 되는데 이 모든 것
은 격조 있는 사람에게 어울리지 않는다. 그렇다
고 늙은 여자나 신부처럼 너무 천천히 얌전을 빼
며 걸어서도 안 된다. 걸을 때 엉덩이를 실룩거려
서도 안 된다. 팔을 덜렁거리거나 크게 휘저어서
도, 마치 밭에서 씨를 뿌리듯이 앞뒤로 크게 흔들
어서도 안 된다. 무언가 놀라운 것을 발견하더라
도 길에서는 사람의 얼굴을 빤히 쳐다봐서는 안
된다.

걸으면서 다리를 높게 치켜드는 사람이 있다. 그

런 건 마치 놀란 말이 꽉 찬 여물통 밖으로 다리를 꺼내려는 것처럼 보인다. 어떤 사람들은 걸으면서 땅을 심하게 걸어찬다. 마치 할 수 있는 한 시끄러운 소리를 내보려 애쓰는 것처럼 보인다. 또 어떤 사람은 한 발로 다른 발을 가리키는 듯이 걷는다. 다른 사람은 한쪽 다리를 다른 다리보다 더 높게 든다. 누군가는 새색시처럼 너무 얌전을 떨며 걷고, 또 다른 누군가는 너무 으스대며 걸어서 수탉처럼 보인다.

지오바니 델라 카사Giovanni Della Casa,

《예법전서》, 1558.

델라 카사의 예법서는 한 인간 존재가 곧 그의 전체적인 외형을 의미하며, 또한 그 모습으로 존재가 정의된다는 것을 보여준다. 우리는 상대의 말보다는 겉모습으로 그 사람을 판단하는 경우가 많다. 사람의 표정이나 용모, 억양 등에서 그에 대한 정보를 수집한다. 최근 바디랭귀지를 개념화하고 비언어적 의사소통을 활발하게 연구하는 것은 그간 인간 사회가 꾸준히 보아왔던 현상을 현대적 의미로 재조명한 것에 불과하다.

태도 혹은 행동거지라는 개념은 이미 고대에서부

터 등장했다. 네덜란드 역사가인 얀 브레머Jan Bremmer는 고대 그리스의 표본적 시민은 어떻게 생겼으며 공식 석상에서 어떤 가치를 나타내었는가를 조사했다.

예를 들어, 품행 중에서는 보폭을 넓게 유지하도록 노력하는 것이 미덕으로 여겨졌다. 전투에 출전하는 군인들이 힘찬 발걸음으로 고압적인 이미지를 전달했던 것을 본보기로 삼은 것이다. 당시 사회계급에서 최고위층에 속했던 군인들은 일상에서도 일반 시민들에게 '올바른' 품행을 전달하는 자신들의 역할에 충실했다. 여자들만 보폭을 작게 해서 종종거리며 걸었다.

기원전 6세기경부터는 기준점이 완전히 뒤바뀌었다. 느리고 조용한 발걸음이 이상형이 된 것이다. 이러한 변화는 아테네의 민주화로 군인 계급이 선도적 위치를 잃은 데서 비롯됐다. 새로운 이상형을 제시한 것은 플라톤과 아리스토텔레스의 작품이었다.

예를 들어, 아리스토텔레스의 《니코마코스 윤리학》은 조용하게 걷는 습관이 '위대한 영혼'의 징표라고 명시하고 있다. 당시 연극 무대에서 종종 긴 가운을 입고 조용히 걷는 남자들을 수줍은 동성애자로 묘사하긴 했지만, 어찌 됐건 좀 더 사색적이고 좀 더 온화한 태도가 대세였다. 고대 비극에서는 그리스인의 절제와 외국인이나 이방인의 무례한 태도가 대조적으로 묘사된다. 고대 이집

트의 예술 작품에서도 비슷한 대조가 나타나는 것을 볼 수 있다. 로마제국에서도 유유자적한 걸음걸이가 자유 시민의 특징으로 제시되었다. 잰걸음은 노예들의 전유물이었다.

그리스에서 사람들이 신경 써야 할 것은 걸음걸이만이 아니었다. 신들과 영웅 그리고 전쟁에서 공을 얻은 군인들의 동상은 원래 다 서 있는 모습으로 만들어졌다. 그러다 기원전 600년 무렵에 앉아 있는 신을 묘사한 동상이 처음으로 등장했다. 상위계층 사람들이 앉아서 초상화를 그리기 시작한 것도 비슷한 시기였다. 무언가를 앉아서 먹거나 비스듬히 기대어 눕는 것이 점잖은 남자의 이상적인 모습으로 여겨지자, 사람들은 서둘러 의자나 적당한 깔개를 갖췄다. 고대엔 맨바닥에 앉으면 거지 취급을 받았다.

고대 그리스의 공개석상에서 시민은 손과 머리도 일정한 방식으로 움직여야 했다. 손바닥을 보이거나 팔을 들어 올리는 것은 유약함의 증거로 여겨졌다. 이는 자신에게 무기가 없음을 알리는 제스처로, 남성성의 상실과 직결됐다. 스파르타에서 젊은 남자들은 손을 옷으로 가리고 다녔다.

남자들은 또한 고개를 빳빳이 쳐들고 다녀야만 했다. 그러지 않으면 슬픔이나 부끄러움을 표현하는 것으로 받아들여졌다. 일반적으로 여자와 노예에게만 고개를 떨어뜨리고 걷는 것이 허용되었다. 눈빛은 정면의 한 곳만을 응시해야 했다. 눈알을 굴리는 것은 광기나 절망의 상징이었다. 눈을 자주 깜박이면 간사한 음모가 있는 것으로 여겨졌고, 두리번거리는 것은 동성애자의 상징이었다.

2천 년이 지나 에라스무스 폰 로테르담이 예법서에 쓴 내용 역시 고대의 이상형과 크게 다를 바가 없다. "걸을 땐 너무 서두르지 말고 그렇다고 너무 천천히 걷지도 말라. 빨리 걸으면 성급해보이고 천천히 걸으면 게으르거나 유약해보인다." 에라스무스가 추천한 걸음걸이 역시 고대 그리스에서 제시된 기준과 딱 맞아떨어진다. 눈빛을 해석하는 데도 양자의 의견이 일치한다. 에라스무스도 고대와 마찬가지로 눈동자를 굴리는 행위를 아둔함이나 광기에 상응시켰고, 눈꺼풀을 자주 깜빡이거나 아래로 내리까는 것을 교활함의 상징으로 해석했다.

'눈은 영혼의 거울'이라는 말은 참으로 장구한 세월 동안 그 효력을 발휘해왔다. 다음의 목록을 보다보면 에라스무스가 인간 본성의 모든 범주를 눈을 통해 알 수 있다고 생각했다는 것을 알 수 있다.

 교양 있는 사내는 표정만 봐도 한눈에 알아볼 수 있다. 그러므로 무엇보다 눈을 점잖고 예의 바르

게 잘 관리해야 한다. 찡그려선 안 된다. 잔인해보
인다. 부끄러움 없이 대놓고 쳐다봐서도 안 된다.
볼을 움직여 눈 주위를 실룩거리거나 눈동자를 이
리저리 굴려서도 안 된다. 미친 자들이 하는 짓이
다. 곁눈질도 안 된다. 상대를 의심하거나 좋게 평
가하지 않는 것이 드러난다. (…) 너무 진지하게
쳐다보는 것도 좋지 않다. 화가 난 것처럼 보인다.
무엇보다 교양 있는 사내는 배우지 못한 계집애처
럼 눈을 많이 깜박거리지 않는다. 옛말에 '눈은 감
정의 집'이라고 했다. 사람들에게 보이는 표정에
서 올바르게 정제된 감정을 드러내도록 노력해야
한다.

계급은 제스처에서 나온다

우리는 상대방이 몸으로 표현하는 비언어적 의사소통의
신호에 끊임없이 주의를 기울인다. 그것이 의식적인 행동
인지, 무의식적인 행동인지는 중요치 않다. 우리는 의도
하지 않은 채로도 표정과 제스처, 몸의 자세 변화 등을 통
해 상대방의 몸이 하는 말을 관찰한다. 예를 들어, 눈살을
찌푸리거나 눈동자를 위로 치켜뜨는 것 또는 두 눈을 꼭
감는 것은 모두 공격성을 드러내는 태도다. 이런 적대적

시선을 감지한 상대는 도전을 받아들인다는 의사로 함께 노려보거나 패배를 인정한다는 뜻으로 고개를 숙인다.

먼저 의식적 신호부터 살펴보자. 예컨대, 다른 사람을 마주하는 순간마다 우리는 눈빛으로 서열을 정하려고 시도한다. 하급자는 상급자를 예의 주시하기 마련이지만, 상급자는 자기보다 낮은 지위의 사람을 그리 유심히 살피지 않는다. 17세기 사람들은 사회적 지위에 따라 표정과 몸짓에 주의해야 했다. 각자의 직업이나 계층 서열에 맞게 지어야 하는 표정이 따로 정해져 있었다. 관리나 판관, 교사들은 엄격하고 위협적인 표정을 지어야 했다. 상류층에서 유쾌한 표정을 지어도 되는 존재는 아이들뿐이었다. 온화함은 이른바 '점잖지 못함'의 상징으로, 더 나은 계층에 속하지 못한 일반 민중들의 전유물이었다.

몇백 년 전부터 예법서들은 바디랭귀지를 비롯한 여타의 태도를 다룰 때 유독 꼿꼿한 자세를 강조했다. 현대 예법서 중 한 권의 집필자는 한 사람에 대한 전반적인 인상을 좌우하는 가장 중요한 요소로 자세를 꼽았다. 그는 꼿꼿한 자세야말로 영혼의 위대함, 개방성, 유쾌함, 성공 등을 나타내는 징표라고 주장한다.

 구부정한 사람은 의도했든 의도하지 않았든 간에 자신에게는 다른 어떤 것에 관심을 기울일 수 있는 기력이나 의욕이 없다는 신호를 보낸다. 등이 구부정한 사람이 얼마나 우아하게 옷을 차려입었는지는 중요하지 않다. 그가 풍기는 전반적인 인상에 그의 옷은 아무런 영향을 미치지 못한다. 몸의 자세야말로 정신 상태나 성격을 반영하는 정확한 거울이다.

헬레나 투오미-니쿨라Helena Tuomi-Nikula,
《예법에 관한 조언》, 1981.

어떤 사람들은 멀리서 보이는 자세만으로도 그 사람의 내면을 훤히 볼 수 있다고 생각했다. 눈을 들여다보는 일 따위는 필요치 않았다. 꼿꼿한 자세는 비단 '강건함과 좋은 컨디션'을 나타내지만은 않았다. 동시에 권위와 공격성의 상징이었다. 몸을 꼿꼿이 펴고 있다는 것은 자신이 지배적인 위치에 있다는 신호였다. 반면, 나쁜 자세는 그런 위치를 잃어버렸다는 뜻으로 이해되었다.

누군가 꼿꼿이 선 채로 등을 돌리는 것은 상대를 용납하지 않겠다는 쌀쌀맞은 심경의 방증이다. 적극적으로 상대를 막아서는 제스처이기 때문이다. 같은 이유에서 옛날 신하들은 왕에게 허리를 굽혀 인사한 다음 등이 보이지 않도록 뒷걸음질로 퇴장했다. 또한, 누군가가 등을 돌린 다음 곧장 몸을 빳빳하게 편다면 이는 자신이 공격받을 준비가 되어 있다는 신호이다. 군인들은 항상 등을 곧게 펴도록 훈련을 받는데, 여유로운 상황에서도 불시에 있을 공격에 대비해 몸을 긴장 상태로 유지하기 위함이다.

핀란드의 어떤 예절 지침서는 남자들은 식사 자리에서도 군기가 바짝 들어 있는 인상을 풍겨야 한다고 설파한다. 사회생활에 해당하는 모든 상황에서 자세를 흐트러뜨리지 않도록 유념해야 한다고 말이다.

 식탁에선 몸을 바르고 꼿꼿하게 쭉 펴고 앉아야 한다. 몸을 기대거나 다리를 뻗어선 안 된다. 팔꿈치를 식탁 위에 올려두어서도 안 된다. 그렇게 하면 척추 전체가 앞으로 쏠려버린다.

《신사들을 위한 에티켓 안내서》, 1965.

17세기 초 프랑스 군대 규정에는 방어에 유능한 병사를 선발하기 위한 기준이 정의돼 있다. 그 기준이 제시하는 표본은 앞서 언급된 에티켓 안내서가 모범으로 삼는 태도와 같다. 활기, 주의, 꼿꼿한 자세, 높은 가슴, 넓은 어깨, 긴 팔, 힘 있는 손가락, 작은 배, 강한 허벅지, 건

조한 발은 그 사람이 정말로 '유능하고 강하다는 것'을 드러내는 표시로 제시되었다. 창을 든 군인들이 구령에 맞춰 행진할 때에는 그들이 세련되고 확신에 차 있다는 이미지를 풍겨야 했다.

군기가 바짝 든 태도가 이상적으로 여겨진 것은 이미 오래전부터였다. 19세기 중반 프랑스에서는 규정에 맞는 자세를 취하자는 캠페인이 일었다. 그 분위기 속에서 남자들은 허리띠를 꽉 조이고 배를 집어넣고 있는 힘껏 가슴을 앞으로 내밀었다. 반면, 여자들의 바른 자세는 코르셋이 담당했는데 그 때문에 거의 모든 여자가 척추 기형에 시달렸다. 때론 더 엄격하게 자세를 가다듬는 경우도 있었다. 결혼 적령기의 딸을 둔 어머니들은 당시의 이상에 맞추겠노라며 젊은 처녀들에게 철제 속옷을 입혔다. 학교의 교사들도 안일과 나태의 상징인 구부정한 자세를 교정시키는 데 최선을 다했다.

구부정한 자세를 교정할 목적으로 체조와 운동이 고안되었다. 기운 세고 꼿꼿하며 건강한 개척자가 그 시대의 이상형이었다. 19세기 영국에서 구부정한 자세는 심리적 문제, 즉 우울증을 드러내는 징표로 여겨졌다. 우울증을 뜻하는 영어 단어인 'depression'은 무언가에 짓눌려 있는 상태를 의미한다. 이 짓눌린 상태는 그 사람의 느슨한 성정과 유약한 근육이 외적으로 표현된 결과로 해석되었다. 그리고 느슨한 성정을 가진 사람은 또한 신경 기능이 원활하지 않다는 판정을 받았다. 오늘날 사람들은 나쁜 자세를 잘못된 매너나 정신적 피로의 상징으로 여기기보다는 심리적 문제와 연관 지어 이해한다.

사람의 외형을 규정하는 데는 몸의 크기도 중요한 역할을 한다. 이는 우리가 우리의 대표자가 될 사람을 판단하는 방식에도 결정적 영향을 끼친다. 미국과 유럽의 대통령 혹은 총리의 평균 신장은 농구 국가대표단을 구성해도 될 수준이다.

역대 프랑스 대통령들의 신장을 예로 들자면, 발레리 지스카르 데스탱Valéry Giscard d'Estaing은 189cm, 조르주 퐁피두Georges Pompidou는 181cm, 샤를 드 골 Charles De Gaulle은 196cm였다. 헬무트 콜Helmut Kohl 독일 전 총리는 드 골 전 대통령보다 고작 3cm 작았다. 영국 총리들 중에도 180cm가 넘는 이가 다수였다. 제임스 캘러헌James Callaghan이 185cm, 에드워드 히스Edward Heath가 183cm, 존 메이저John Major가 180cm, 토니 블레어Tony Blair가 183cm, 데이비드 카메론David Cameron이 185cm였다. 닉슨에서부터 오바마까지 미국 대통령들의 신장 또한 모두 182~188cm 사이였다. 민주적인 절차로 선출된 대통령 중에서는 예외적으로 니콜라스 사르코지Nicolas Sarkozy 전 프랑스 대통령과 실비오 베를루스코니Silvio Berlusconi 전 이탈리아 대통령만이 165cm 였다. 베를루스코니와 사르코지의 키는 얄궂게도 스탈린 이나 레닌과 같다.

심리학자인 그렉 머레이Gragg Murray와 데이비드 슈미츠J. David Schmumitz는 물리적으로 적을 제압할 수 있을 정도의 강한 지도자를 선호하던 원시의 가치관이 현대 선거에도 여전히 유효하게 작용하고 있다고 해석 했다.

시대마다 적절하다고 여겨지는 제스처나 자세의 형태가 다르지만, 그 형태가 문화와 밀접하게 연관된 것 만은 확실하다. 에라스무스 폰 로테르담이나 60년대 예 법서를 썼던 작가들이 오늘날 젊은 남자들 사이에 유행 하는 이른바 '스웨그 넘치는' 걸음걸이를 본다면 뭐라고 할까? 그들이라면 자유로운 영혼을 자처하면서도, 동시 에 다른 사람들을 위협하려는 의도를 지닌 요즘의 스타 일이 자신들이 강조한 매너와 별반 다르지 않다는 것을 단번에 알아채지 않았을까?

몸가짐과 바디랭귀지

인사법

인사의 원래 기능은
서로의 손에 무기가 없다는 것을
확인하는 데 있었다.

가게에 들어서면 항상 주인에게 인사부터 해야 합니다. 버르장머리 없어 보이는 짓은 하지 마십시오. 마침 주인이 통화 중이라면 가볍게 묵례를 하십시오. 프랑스에서 인사를 하는 방법은 다음 세 가지입니다.

· 악수
· 볼 키스
· '봉주르'라고 말로 하는 인사

당신에게 볼 키스가 불편할 수도 있지만, 프랑스에서는 오히려 포옹이 불편한 행동임을 유념하십시오. 프랑스에서 포옹은 연인이나 가족, 아주 친한 친구들끼리 하는 인사입니다. 만약 당신이 포옹하려 한다면 대부분의 프랑스인이 불쾌한 내색을 할 것입니다. 포옹은 아주 친밀한 사람들끼리만 할 수 있는 행동이기 때문입니다.

벤야민 후이Benjamin Houy,

프랑스식 인사법, 출처 : frenchtogether.com

적절한 인사로 첫 만남을 성공적으로 이끌길 원하는 마음은 누구에게나 있다. 그래서 우리는 예법서의 충고를 충실히 따른다. 하지만 이러한 인사 방식이 지닌 역사적 배경을 알게 된다면 사랑스러운 행동으로만 여겼던 인사가 다르게 보인다. 예를 들어, 아는 사람이 시야에 들어오면 자동으로 오른쪽 손을 들어 아는 체를 하는데, 이 습관의 원래 주인의 로마 군인들이다. 그들은 손에 무기가 없다는 것을 증명하기 위해 오른손을 들었다.

악수도 근본은 같다. 다른 사람에게 손을 내밀면서 손에 칼이나 비슷한 무기를 숨기고 있지 않다는 것을 증명하려 한 것이다. 악수가 인사법의 기능을 갖게 된 것은 19세기 유럽에서부터다. 이전까지는 오랫동안 우호 관계를 확인하는 상징적 제스처로 활용됐다. 싸움이나 협상이 중재됐다는 의미로 악수를 한 것이다. '누구누구와 손을 잡다'라는 관용적 표현은 악수로 연결되어 오늘날까지 그 의미를 유지하고 있다.

모자를 벗어드는 인사법은 사람들이 흔히 생각하는 것보다 그 뿌리가 더 깊다. 중세 기사들의 풍습에서부터 비롯됐는데, 그들은 군주나 친구들 앞에서 적대적 의도가 없음을 보여주기 위해 투구를 벗어들었다. 기사들에게 맨머리를 드러낸다는 것은 목숨을 내놓는다는 뜻이었다. 모자를 드는 인사법은 역병이 창궐했던 이전 몇 세기동안 더욱 사랑받았다. 사람들은 병을 옮기기 쉬운 볼 키스나 손 키스 대신 모자를 벗었다. 모자 인사는 다른 인사법과 비교할 때 확실히 위생적인 인사법이었다.

환호성 또한 그 출처를 따지자면 단지 즐거움에 겨워서 하는 인사로만 볼 수는 없다. 환호성은 터키의 예니체리 전사들의 풍속이었다. 그들은 술탄 앞에서 환호성으로 인사했다. 이는 전쟁에 나서기 전에 지르는 함성이었는데, "다 죽여버리자!"란 말을 소리로 내지른 것과 다름없었다.

원래 인사는 안전장치이자 폭력방지책 역할을 했다. 데스몬드 모리스Desmond Morris의 견해에 따르면, 모든 인사에는 그 상황이 품고 있는 사회적 예측 불가능성을 완화하고자 하는 의도가 숨겨져 있다고 한다. 우리는 상대가 어떻게 행동할지, 혹은 그가 지난번 만났을 때와 얼마나 다르게 행동할지를 알지 못한다. 그러니 인사는 항상 불확실성의 순간과 깊이 연결돼 있다.

노베르트 엘리아스는 중세시대 삶의 위험성, 예측 불가능성, 충동성을 다음과 같이 묘사했다.

 그들은 안정도 미래에 대한 장기적 계산도 없었다. 온 마음을 다해 이 사회를 사랑하지도 미워하지도 않는 사람 혹은 욕망의 놀이판에서 자신이 맡은 역할을 완수할 생각이 없는 사람은 수도원으로 보내지기에 십상이었다. 속세에 살더라도 소외된 채 살았다. 그보다 상류사회에서도, 심지어 궁궐에서도 자신의 욕망을 억제하지 않거나 격정을 숨기지 않는 사람, 즉 '문명화'를 원치 않는 사람은 마찬가지 신세였다.

예의범절과 인사법은 위험 사회에서 폭력성에 대응하기 위한 방어책이었다. 이러한 규칙들은 국가가 폭력을 독점하기 전, 만인에 대한 만인의 투쟁이 끊이지 않던 시대에서 비롯됐다. 모두가 친구 아니면 적이었기 때문에 자신이 어느 편에 속하는지를 행동과 몸짓을 통해 정확하게 나타내야만 했다.

인사법

인사예절 = 사회적 코르셋

계층 간의 경계가 엄격했던 시절에는 '정확한' 인사법을
배우는 일이 그야말로 엄청난 골칫거리였다. 1671년 발
간된 드 쿠르탱의《프랑스 예법서》에는 자신보다 지위가
높은 사람의 집을 방문했을 때는 즉시 모자를 써야 한다
고 가르쳤다. 집주인이 손님으로 맞아주면 머리에 썼던
모자를 왼손에 쥐고 깊게 허리를 굽혀 인사해야 했다. 그
런 다음 집주인은 손님에게 모자를 다시 쓰라고 권한다.

하지만 모자를 다시 썼다가도 특정 상황에는 다시
맨머리를 드러내야만 하는데, 그 상황 중 하나가 지위가
높은 사람이 코를 풀 때였다. 드 쿠르탱의 예법서는 이 경
우를 제외하고선 주인으로부터 모자를 다시 쓰라는 권유
를 받은 다음에야 써도 되는 것이 일반적인 규정이라고
썼다. 주인이 두 번쯤 권유한 다음에는 모자를 쓰는 것이
예의범절이었다.

그런데 시간이 갈수록 모자를 벗는 규칙이 점점
더 상세해지더니 마침내 실소를 자아낼 수준에 이르렀다.
궁궐에서는 주인이 먹을 음식을 내어오는 하인 앞에서도
모자를 써야만 했다. 왕에게 서신을 받으러 들어온 사람
들은 궁전에 걸린 왕의 초상화 앞에서도 모자를 벗고 허
리를 숙여 인사했다. 궁궐에 연회가 열리면 왕은 모자를

쓰고 손님들에게 식사를 권했으며, 손님들은 모자를 벗고 인사한 다음 다시 쓰고 음식을 먹었다. 왕실의 신사로 잘 알려진 영국의 카를 1세는 프랑스 여왕이 말을 걸 때마다 모자를 벗었다가 쓰길 되풀이했다.

여자도 머리카락에 고정된 보석 때문에 크게 거북하지만 않다면 모자를 썼다. 하지만 여자는 다른 방식으로 인사했다. 여자들의 인사법은 고개를 까딱거려야 할 때를 정한 수많은 규칙으로 좀 더 복잡했다.

근대 초기 유럽의 상류층은 대륙의 어느 지방에 있든 나름의 마중과 배웅의 인사법을 깍듯이 지켰다. 귀족이라면 정확하게 기록된 예의범절의 표본을 몸에 익히고 있어야만 했다. 폴란드의 역사학자인 마리아 보구카 Maria Bogucka는 16세기 폴란드에서 귀족들이 따라야 했던 마중과 배웅의 복잡한 절차를 '사회적 코르셋'에 비유했다.

당시 환영 행사에는 엄청난 섬세함이 요구됐다. 대부분의 경우 손님이 오기로 한 날은 집 앞 나무 아래에 하인 하나가 앉아서 길 어귀를 지켜보고 있었다. 그러다가 손님이 집 가까이에 나타났다는 소식을 전하면 집주인이 마당에까지 달려 나와 '기쁘게' 환영 의례를 시작했다. 하지만 이 마중은 비교적 간단한 편에 속했다. 폴란드 상류층이 따라야만 했던 배웅 의례와 비교하자면 말이다. 집주인은 손님이 떠난다는 사실에 완강히 저항하면서 손님이 타야 할 말을 숨기거나 마차의 바퀴를 빼놓는 등의 방법으로 출발을 지연시켜야만 예의 바르다는 평가를 받았다.

물론 이렇게 복잡한 유럽의 인사 문화에 반발하는 움직임도 있었다. 영국의 퀘이커 교도들은 허리를 굽히거나 무릎을 꿇거나 모자를 쓰거나 지위가 높은 사람을 '전하'라고 부르는 등의 풍습을 따르지 않았다. 이 청교도 신앙 공동체의 대표들은 자신들은 '그리스도의 단순함'을 따라 인사한다고 주장하며 상대에게 손을 내미는 것으로 복잡한 인사를 대신했다.

악수를 인사법으로 사용하는 풍습은 배타적이고 평등한 퀘이커 공동체 안에서 출발해서 공동체 밖으로까지 퍼져나가 시간이 흐름에 따라 친구나 지위가 같은 사람들끼리 인사를 나누는 대표적인 방식으로 발전했다.

예의범절이 시대에 따라 얼마나 가변적인지를 잘 드러내는 사건이 있다. 1995년 새로 선출된 의회 의원들이 처음으로 한자리에 모인 자리에서 의장은 모자를 쓴 채 본회의장에 앉아 있는 의원 하나를 크게 꾸짖었다. 하지만 17세기만 해도 의원들은 머리에 모자를 쓰고 있으라는 명시적인 규정을 따랐다. 당시엔 실내에서 모자를 쓰고 앉아 있는 것이 귀족과 엘리트 계층의 특권이었다.

어디에 키스하느냐의 문제

 프랑스인들의 키스 인사법은 유명합니다. 하지만 그렇다고 해서 프랑스인들이 아무 때나 키스를 하는 것은 아닙니다. 프랑스에서 사람들은 잘 아는 사람, 즉 친구나 가족에게 키스합니다. 하지만 키스하자는 제안을 받았다면 잘 모르는 사람과도 키스합니다. 보통 "우리 키스할까요On se fait la bise?"라고 상대방이 제안하거나 먼저 키스하려고 시늉하면 받아주는 법입니다. 딱히 정해져 있진 않지만, 모종의 상황이 만들어진다면 잘 모르는 사람과 키스하는 일도 흔합니다.

벤야민 후이, 《프랑스식 인사법》

옛날이라고 해서 '더 높은 지위의 여자의 볼에만' 남자가 입을 맞춘 것은 아니었다. 고대 페르시아에서는 같은 계층에 속한 남자들끼리도 입을 맞추었고, 낮은 계층의 사람에겐 볼에다 키스했다. 중세 기사들 사이에서도 볼 키스는 평범한 인사법에 속했다.

에라스무스 폰 로테르담은 1499년 영국을 여행하던 중에 '그 어떤 칭찬도 아깝지 않은 풍속'을 경험하고 놀라움을 금치 못했다. 그는 친구에게 쓴 편지에서 영국의 지방 사람들은 상황을 가리지 않고 언제나 볼 키스로 인사한다고 자세히 설명했다. 그러고선 "오, 자네는 이렇게 신선하고 달콤한 키스를 단 한 번이라도 맛본 적 있는가? 이 맛을 안다면 여생 중 한 번은 꼭 영국을 여행하고 싶을 것일세"라며 편지를 맺었다.

키스는 16세기 유럽의 복잡한 인사 의례 중 일부였다. 의례에는 여러 가지 다양한 방식의 허리 굽히기와 무릎 꿇기, 키스, 손 키스, 악수 외에도 자신보다 지위가 높거나 나이가 많은 사람의 무릎을 끌어안는 특이한 인사법까지 포함돼 있었다. 어떤 지위가 높은 집주인은 손님을 맞으면 손뿐 아니라 가슴, 배, 무릎, 발에까지 키스했다. 인사 문화는 높은 사람에게 아첨하는 방향으로 발전했다. 최하층의 사람은 최상류층의 발에 키스했고, 그 다음 상류층에게는 긴 가운 자락이나 무릎에 키스했다. 예컨대, 주교들은 교황의 무릎에 키스하도록 허락되었다. 서열에 따라 무릎 키스 다음엔 손 키스였다. 원래부터 손 키스는 남자들 사이에서 널리 쓰이던 인사법이었다.

17세기 폴란드에서는 손 키스가 사회 모든 계층으로 널리 퍼져서, 나이가 많거나 계급이 높은 사람들에겐 손 키스로 인사하는 것이 의무가 되었다. 농부들은 지주와 지주의 가족, 하물며 지주의 어린 자녀들에게까지 손 키스를 했다. 귀족 중에서도 서열이 낮은 귀족은 높은 지위의 귀족에게 손 키스로 인사했다. 특히 여자들의 인사법으로 손 키스는 오랫동안 통용되었다. 소녀들은 키스를 받기 위해 손을 내놓는 법을 배우기도 했다.

하지만 영국에서는 17세기까지 포옹이나 키스가 '촌뜨기들의 풍습'으로 여겨졌다. 프랑스에서도 인사로 포옹이나 볼 키스를 하는 것은 농부들의 풍속으로 유지되다가, 시간이 지나 농촌의 인력이 도시로 이주하면서 도시 문화의 일부가 되었다. 도시화 과정에서 볼 키스에도 변화가 생겼다. 농촌에서는 볼 키스를 할 때 나는 '쪽' 소리가 얼마나 큰지에 따라 인사하는 사람들 간의 정서적 거리를 가늠할 수 있었다. 하지만 도시에서 소리를 내며 키스했다가는 놀림거리가 되기 십상이었다. 대신 도시에서는 키스를 몇 번 하는가에서 정서적 관계가 드러났다. 다른 말로 하자면, 볼 키스 풍습이 도시 인근에 이식되는 과정에서 '문명화'된 것이다.

볼 키스는 그 역사가 오래되었음에도 여전히 그 용법이 혼란스러운 인사법으로 꼽힌다. 네덜란드의 문화역사학자인 빌렘 프리호프Willen Frijhoff는 네덜란드 사람들은 볼 키스 횟수에 대해 여전히 확신이 없다고 주장한다. 인사를 하는 사람들끼리의 친밀도에 따라 다른 것인지, 아니면 예법으로 정해야 하는지, 그 기준이 모호하다는 것이다.

반면, 이웃 나라인 벨기에 사람들은 네덜란드 사람들보다 볼 키스에 대한 기준이 서 있는 편이다. 하지만 나라 안에서 민족 갈등을 겪고 있는 벨기에에는 두 가지 서로 다른 방식의 볼 키스가 존재한다. 거의 모든 사안에 대해 입장이 다른 벨기에의 플라망족과 왈론족은 키스하는 방법을 두고서도 서로를 구분하려 드는 것이다. 플라망족은 키스 한 번으로 만족하는 데 반해, 왈론족은 무조건 세 번은 해야 제대로 된 인사라고 생각한다.

 다른 사람을 방문할 때의 에티켓은 다음과 같다. 손님은 좋지 않은 기분과 분노를 자기 집에 놔두고 와야 한다. 방문을 위해 옷을 갈아입는 동안, 즐겁고 기쁘며 재치 있는 유머를 구사할 수 있는 기분을 가져야 한다. 어둡고 불쾌하고 분위기를 가라앉게 하는 주제보다는 유쾌한 일에 관해 이야기하는 것이 좋다. 손님들은 서로는 물론 주인에게 말할 때도 상대가 기꺼이 듣고 싶어 하는 것과 진실한 것에 관해 이야기해야 한다.

《황금 예법서》, 1961.

이 규칙은 프랑스 궁정 문화에서 발생한 것이다. 궁궐에 살던 사람들은 사회적 관계를 유지하기 위해 서로를 초대했고, 손님의 방문 일정과 체류 기간까지 모두 정확하게 정해진 규칙을 따랐다. 예방이나 갑작스러운 방문에도 주인은 인사 의례를 준수해야 했고, 예법서에서 제시한 대로 유쾌한 대화를 이끄는 능력을 내보여야 했다.

앙투안 드 쿠르탱이 쓴 1671년 작에는 '사교의 요령'에 해당하는 대화 주제를 하나하나 열거했다. 이에 따르면, 교양 있는 사람은 절대 진부한 말을 하지 않는다. 상대가 어려워할 것 같은 복잡한 주제에 대해서도 말하지 않는다. 사적이거나 가족사에 관한 이야기는 함구한다. 실연이나 재판 과정, 전쟁, 죽음 같은 슬픈 주제는 무조건 피한다. 자신의 의견을 말하는 것은 삼가고, 다른 사람의 흠에 대해서도 지적하지 말아야 한다.

서유럽의 궁궐 생활을 하는 데 있어 없어서는 안 될 능력 중 하나는 개인사와 공사가 반반으로 섞인 주제로 대화가 시작됐을 때 상대방의 기분을 맞추는 재주였다. 지위가 높은 사람의 말에는 무조건 맞장구를 쳤고, 공식 이름 대신 공적에 따라 부여된 경칭으로 불렀다. 그런 사람 앞에서는 손을 먼저 내밀거나 허리를 숙여 인사하면서 그렇게 대단한 일을 해내신 분을 만나 뵙게 돼서 얼마나 영광인지를 장황하게 설명해야 했다. 첫 만남에서

의례적인 말을 쏟아내는 것은 상대와의 동질감을 강조하는 수단이었다. 당연히 이 과정에서 인사를 나누는 사람들의 위신과 궁궐 내 서열이 드러났다.

서로를 칭찬하고 친절을 베푸는 문화는 궁 밖으로도 확산했다. 18세기 런던과 파리에 사는 사람들 사이에서는 궁궐의 풍습이 거부감 없이 받아들여졌다. 철학자이자 계몽주의자인 장 자크 루소Jean Jacques Rousseau는 파리 사람들이 자신을 너무 친절하게 대하는 것을 비판적으로 언급하기도 했다. 파리지앵들의 행동에 주관이란 찾아보기 힘들고 오로지 좋은 평판을 얻기 위해 행동한다고 말이다. 이전에 한 번도 만나지 않은 사람을 처음 만난 자리에서 어떤 칭찬을 할 수 있었을까? 이에 대해 루소는 정직하고 올바른 사람이라면 단번에 그 말이 상류사회가 요구하는 대로 작위적으로 지어낸 인사치레에 불과하다는 것을 알아챌 수 있었다고 썼다.

궁궐 안에서는 어설프게 짜맞춰진 인사치레가 자연스럽게 통용되었다. 그러나 런던이나 파리 같은 대도시에서는 얼마 지나지 않아 낯선 사람에게 아부하는 일이 통하지 않았다. 예의범절은 형식적인 인사 혹은 인사를 한 뒤 더는 할말이 없는 사람들끼리 나누는 상투적인 말에만 남게 되었다. 그런 미사여구나 상투적인 말 중 일부는 오늘날까지 남아 있다. 보통은 모든 주제에 해당하는 예의 바른 말들인데, 아무에게도 해가 되지 않는 이런 한 담을 영어에서는 '스몰토크Small Talk'라고 부른다.

식사예절

식사와 관련된 규칙은
모든 사회에서 관계를 형성하는 데
핵심적인 역할을 했다.

건배할 때는 먼저 와인이든 생수든 간에 모든 사람이 음료를 받을 때까지 기다렸다가 "프로스트 Prost"라고 외친다.

스위스 내 독일어권에서는 건배할 때 "프로스트"라고 하고, 불어권에서는 "아 보트흐 쌍테à votre santé"라고 하며, 이탈리아어권에서는 "살투떼 salute"라고 말한다.

손님을 초대한 집주인이 건배를 선창하면 다른 사람들은 그를 바라보며 따라 하는데, 역시 그 지방의 언어로 외친다. 그다음 같은 테이블에 있는 모든 사람과 잔을 부딪친다. 적어도 팔이 닿는 범위에 있는 모든 사람과 잔을 부딪쳐야 한다. 그리고 나서야 첫 번째 한 모금을 들이킬 수 있다.

　　신에게 먼저 술 한 모금을 바치는 기도 의례는 아주 오래전부터 있었다.《오디세이》는 포도주를 마시기 전 바닥에 한 모금을 뱉는 장면을 묘사한다. 첫 모금은 신에게 바치는 술인 셈이었다. 사람의 식사는 그다음에야 시작됐다. 호머가 묘사한 그 시대의 의례는 다음과 같다. 먼저 채워진 잔을 손에 들고 자리에서 일어선 다음, 하늘을 바라보며 잔을 높이 치켜든다. 그리고 포도주를 바닥에 뚝뚝 떨어뜨리며 기도하고 그 후에 술을 마신다. 올림포스의 신들은 이 제물을 받는 것으로 신과 인간 사이의 결속을 증명했다.

　　요즘 사람들도 여전히 무언가를 마실 때 이 의례를 따라 한다. 건배하려는 사람은 자리에서 일어나서 친애하는 손님들을 향해 준비한 말을 하고 이때 다른 모두는 잔을 높이 든다. 일어선 사람이 건배사를 외치면 사람들은 그 사람의 눈을 바라보고 몸을 살짝 굽혀 인사한 다음, 잔에 담긴 음료를 마신다. 음주의 종교적 의미는 건배사의 성격에서도 드러난다. 건배사 뒤에는 종종 그 행위가 어떤 사람에게 행운을 가져다주거나 어떤 행사의 성공에 기여할 것이란 생각이 숨어 있다. 17세기 스웨덴 관료 사회에는 연거푸 술잔을 비우는 관습이 있었다. 왕의 안녕을 위해 건배를 한 다음 술이 석 잔 나오면 모두가 그 잔을 비워야만 했다. 비운 잔을 테이블에 엎어 세워 자신의 충성심을 입증하는 것으로 이 의식은 완성되었다.

그들은 왜 술고래가 됐을까?

문명인의 예절처럼 보이는 건배 뒤에는 문명이라고 말하기 힘든 역사가 숨어 있다. 원래 건배의 목적은 오직 한 가지, 즉 술자리에서 사람들을 잔뜩 취하도록 만드는 것뿐이었다. 건배를 하고 나면 술잔이 경쟁적으로 비워지기 때문이었다. 잔을 부딪치는 것은 중세 음주문화와 사회적 행동의 한 부분이었다. 건강을 위해 건배하고 나면 그 술잔을 비우고 우애를 위한 건배로 화답하는 것이 의무였다. 이렇게 번갈아 가며 술 마시기 경쟁을 벌이는 것이 관례였으며 누구도 피해갈 수 없었다.

오래된 미신 중에는 악령이 목을 타고 사람의 몸으로 들어간다는 믿음이 있었다. 그래서 입을 벌리는 것이 크게 권장되지 않았다. 예를 들어, 에라스무스 폰 로테르담은 자신의 예법서에서 길고 시끄럽게 하품을 한 다음엔 십자가를 그리라고 충고했다. 다른 사람과 함께 모이는 자리엔 악령이 꼬이기 쉬우니 입을 열기 전에 먼저 떠들썩하게 잔을 부딪쳐서 악령을 몰아냈다. 이 습관은 다른 사람을 배려하는 것처럼 보이는 행동일 뿐 아니라, 술 마실 기분을 돋우는 효과도 있었다.

그렇게 시작된 모임은 으레 참석자 모두가 테이블 아래에 뻗는 것으로 끝이 났다. 그보다 일찍 자리를 파하는 것은 동석자들을 향한 엄청난 모욕으로 여겨졌다. 권한 술을 사양하거나 건배에 화답하지 않는 것 또한 상대를 향한 엄청난 모욕이었다. 그런 식으로 술잔을 피하려드는 사람은 겁쟁이나 약골이란 꼬리표를 달고 살아야 했다.

중세에는 음주가 영적 생활에 속했다. 당시 성직자들은 연말부터 동방박사 축일인 1월 6일까지 일주일이 넘도록 음주 의례를 베풀었다. 수도원에는 술타령이 넘쳐났고 사람들은 이기지 못할 만큼 술을 마셨다. 9세기 주교가 화가 나서 쓴 징계 서한에 따르면, 술에 취해 테이블에 구토한 주임 신부는 40일 보속에 처해졌다. 일반 사제는 30일, 보조 신부는 20일간 보속을 치렀다.

프랑스 수도원에서는 15세기 중반까지 '술통 축제'가 열렸다. 2월에 시작해 5월까지 계속되는 축제였다. 매년 100일 이상 축제가 열렸던 셈인데, 그동안에는 언제라도 술을 마실 핑계가 생겼다. 알코올음료가 이토록 사랑받은 데에는 깨끗한 식수가 부족했던 상황도 한몫했다. 그중에서도 맥주는 훌륭한 영양 공급원이었다. 사람들은 아침에 맥주로 만든 수프를 먹었다. 알코올이 건강에 나쁘다고 생각하지 않았고, 오히려 건강에 유익하다는 게 상식처럼 받아들여졌다. 예컨대, 스톡홀름의 종합병원에서는 하루에 맥주 8L까지 음주를 허락했으며, 덴마크에서는 10~15L의 음주를 권장했다. 이렇게 줄기차게 마셔댔으니 환자마다 부종으로 고생했고, 병원 곳곳에는 지린내가 진동했다.

 함께 저녁 식사를 한 사람들이 좋은 음식과 그보다 더 좋은 술에 감격한 나머지 헤어지는 대신 다른 장소에서 모임을 계속하는 경우가 종종 있다. 이런 습관은 독일에서부터 온 것이다. (…) 여기 우리 세대가 그런 상황에서 위대한 주제에 대한 영감의 광채를 발견하는 경우는 극히 드물다. 그보다는 술과 그로 인한 싸움 혹은 술에 취해서 하는 공허한 농담 등을 지나치게 부끄러워하는 편이다.

《황금 예법서》, 1961.

자기 시대를 비판하고 독일에서 날아온 음주문화에서 발견한 '위대한 주제'에 찬사를 바치는 이 핀란드 작가의 태도는 너무 단언하는 경향이 있다. 그와 반대로, 에라스무스 폰 로테르담은 독일의 음주문화에서 그 어떤 장점도 발견하지 못했다. 그 역시 지나친 알코올 섭취와 싸움, 농담 등 독일 음주문화에서 거의 똑같은 면을 발견했는데도 말이다. 1523년 출간된 《디버소리아Diversoria》에서 그는 프랑스와 독일의 여관 문화를 비교했다. 책에는 1518년 독일 농촌의 한 평범한 여관을 방문했던 때에 관한 회상이 등장한다.

에라스무스가 여관에 들어갔을 때, 인사하고 안내하는 사람이 아무도 없었다. 그가 한참을 부른 후에야 벽에 달린 문이 하나 열리더니 사람이 나타나 과장된 손짓으로 그의 부름에 답했다. 거기엔 제대로 된 세면대가 없어서 그는 먼지를 뒤집어쓴 채로 후텁지근한 공기가 새어 나오는 커다란 홀로 들어가야 했다. 홀에는 백 명 가까이 되는 더럽고 냄새나는 손님들이 가득했다. 이 답답한 공기에서 누군가는 머리를 빗고, 다른 누군가는 장화를 닦았으며, 모두가 하나같이 바닥에 침을 뱉었다. 포도주가 시어서 에라스무스가 불평했더니 누군가가 다가와 다른 여관을 가보라고 말했다. 마치 "되지도 않는 불평을 더하겠다면 죽여버리겠다"라는 얼굴을 하고서. 그나마 여관 주인에게 사람 취급을 받는 건 귀족 남자들뿐이었다.

술로 머리가 데워진 사람들이 내지르는 비명과 소음이 얼마나 대단하던지 놀라울 따름이었다. 거기서 다른 사람이 하는 말을 제대로 알아듣는 사람은 아무도 없었다. 취중에 어릿광대와 불량배가 한데 뒤섞이기 일쑤였다. 독일인들이 이런 상황에서 무슨 기쁨을 찾는지 도무지 이해할 수 없었다. 노래와 쓸데없는 농담, 비명과 날뜀, 그리고 폭력이 뒤섞여 하나의 엄청난 굉음을 만들어냈는데, 마치 그 소리로 여관을 무너뜨릴 기세였다.

에라스무스 폰 로테르담, 1523,

에곤 프리델 Egon Friedell**의 《근대의 문화사》에서 인용**

16세기 독일에서는 밤이 되어 도시의 성문이 닫히면 변두리에 살던 사람들이 거리로 나와 도무지 문명화되었다고는 볼 수 없는 짓거리를 벌였다. 사람들은 몸을 가누지 못할 정도로 취해 비틀거리다 진창에 넘어져선 그 자리에 대자로 뻗어 누웠다. 당시 사람 하나가 농담 삼아 한 말에 따르면, 뻗은 가랑이 사이로 '마차 한 대가 지나갈 수 있을 정도'였다.

방종한 음주는 중세만의 특징이 아니었다. 오히려 16세기 들어 전 사회계층에서 알코올 소비량이 늘어났다. 당시 목판화는 일반인들의 생활상을 노골적으로 묘사하고 있다. 시장에 모인 사람들은 그 자리에서 술에 취했고, 언제 어디서나 누군가가 토하는 꼴을 볼 수 있었다. 1599년의 음주 내기를 묘사한 다음 글은 목판화에 새겨진 모티프를 생생하게 글로 옮겼다.

 술고래들은 자기 앞에 와인 잔이 똑바로 서 있는 꼴을 참지 못했다. 그들은 창이나 총을 쓰듯 술잔으로 싸움을 벌였다. 일단 총대를 멘 자가 아직 취하지 않은 사람을 공격한다. 처음엔 간단하게 십자형 방향에 앉은 사람들에게 한 잔을 권한다. 그 잔을 마신 사람이 다시 십자형 방향으로 술을 돌리다보면 오래지 않아 모든 방향에서 술잔과 컵의 공격이 밀려든다. 처음엔 간단하게 술고래와 그의 친구들끼리 시작한다. 그러다 이 사람과 저 사람에게로, 이 주정뱅이에게서 저 주정뱅이에게로 잔이 넘어가면서 어느새 모두가 술이라는 성분으로 온몸을 적시게 된다. 한숨 돌릴 틈도, 술에 젖은 수염을 빗을 겨를도 없다. (…) 그리고 곧이어 두 명의 영웅이 일어나 서로에게 내기를 제안한다. 그중 하나가 다른 하나를 이기고 승자가 되고 그 상을 받는다. 술을 가장 많이 마실 수 있는 사람은 종종 숭배의 대상이 되기도 한다.

볼프강 쉬벨부쉬 Wolfgang Schivelbusch,
《낙원, 취향 그리고 이성》, 1980.

변화하는 음주문화

만취는 오랫동안 유럽의 도시 거주자와 군인이 가장 선호하는 오락이었다. 17세기 오스트리아 빈의 군대는 젊은 장교들이 황태자가 주관하는 연회에서 술에 취하거나 버릇없이 행동하는 것을 막기 위해 자체 규정까지 만들어야 했다. 깨끗한 군복을 입고 갈 것, 술에 취하지 말 것, 술을 꿀꺽꿀꺽 마시지 말 것, 접시에 침을 뱉지 말 것, 짐승 같은 소리를 내면서 마시지 말 것 등이 규정에 포함됐다.

이 시대엔 알코올에 대한 시민들과 상류층의 태도가 변했다. 과도한 음주는 비난받았다. 대중적 알코올 소비의 시대가 열리자 상류층은 음주 습관을 바꾸었다. 교양 있는 시민은 적정량을 지켰고 친밀한 사람들끼리 마시는 걸 선호했다. 귀족과 시민은 아예 다른 기호식품을 선택함으로써 일반 대중과의 차별화를 꾀하기도 했다. 프랑스와 영국의 상류층이 커피를 마시기 시작한 것이 대표적이다. 커피하우스에 내걸린 주의사항은 맥줏집이나 여타의 술집과 도드라진 차이를 보였다. 예를 들어, 영국 최초의 카페에서는 욕설과 도박, 그리고 모든 알코올음료가 금지됐다. 대신 카페는 사업가들이 모여 회의를 할 수 있을 정도의 정돈된 환경을 제공했다.

알코올중독이란 개념이 처음 등장한 건 19세기 말 무렵이다. 그때쯤 프랑스에서도 만취에 대한 대중의 인식이 달라졌다. 유쾌하고 수다스러운 빨간 얼굴의 애주가가 어느새 음산하고 공격적이고 범죄를 일삼는 알코올중독자로 바뀌었다.

노동자 계급의 음주 행태가 변한 것이 이러한 인식 변화에 한몫했다. 독주 한 잔에 고단한 삶의 걱정을 잊는 습관을 노동자의 전유물로 고착시킨 것이다. 그러나 다른 한편으로는 상류층이 유포한 프로파간다의 문제이기도 했다. 노동자의 음주 습관에 알코올중독이란 꼬리표를 붙임으로써 프롤레타리아 계급 전체의 도덕성 상실을 문제 삼은 것이다.

1873년 프랑스에서는 노동자 계급의 알코올중독을 퇴치하자는 캠페인이 대대적으로 벌어졌다. 여기엔 상류층의 알코올 소비량에도 영향을 미치길 바라는 희망이 섞여 있었다. 프랑스 상류층으로부터 가장 많은 사랑을 받은 술인 압생트의 막대한 소비량은 나라의 근심이 될 정도였다. 이 독주가 뇌세포를 망가뜨리고 간질을 유발한다는 괴담이 퍼졌다.

영국에서도 공공연하게 술을 마시는 것에 대한 시선이 곱지 않아졌다. 19세기 중반 무렵부터 '영국 신사'는 주점에 모습을 나타낼 수 없게 됐다. 주점이 노동자 계급이나 드나드는 장소로 여겨졌기 때문이다.

오늘날 유라시아 대륙의 서쪽 반도는 세계적으로 가장 높은 알코올 소비량을 자랑한다. 세계 인구의 8분의 1을 차지하는 유럽인들은 전 세계 알코올의 절반을 소비한다. 통계의 정상에 오른 건 프랑스다. 그다음이 오스트리아, 독일, 헝가리, 포르투갈, 스위스 순이다. 상위 20개국 중 유럽 바깥에 있는 나라는 호주와 아르헨티나뿐이다. 그리고 이 두 나라 모두 거주민의 대다수가 그 유전자의 뿌리를 유럽에 두고 있다.

세계가 자기네 저녁 식탁을 중심으로 돌아간다고 믿는 건 인간의 오만함을 드러내는 생각 중 하나다. 사람들은 자신의 음주 습관이나 식문화는 미덕으로 여기면서, 이웃의 습관에는 자꾸만 천박하다거나 야만적이라는 꼬리표를 갖다 붙이려고 한다.

시대를 막론하고 거만하고 허세가 심한 사람들은 생경한 음주문화에 관해 과장되고 음흉한 소문을 만들었다. 이른바 음주자의 문화적 배경이 의심스럽다는 식의 논리를 펼친 것이다. 이 논리 속에서 '우리'에게는 끝까지 지켜야 할 규칙이 있고, '그들'은 그 규칙을 모르는 다른 사람들이다. '훌륭한 취향'은 다른 이들에게 무엇이 존경할 만한 것이며 세련되고 유행에 걸맞은 것인지를 정해줄 권한을 가진 권력자들의 특권이자, 권력을 행사하는 형태의 하나에 속했다. 그 사회를 지배하던 문화는 언제나 무엇이 허용될 만하며 무엇이 그렇지 않은지를 먼저 정의했다.

프랑스인 중에서는 유독 파리지앵들이 북쪽의 브르타뉴 지방의 음주문화를 생경하게 여겼다. 브르타뉴 사람들은 파리지앵들과 달리 취향을 세련되게 가꾸거나 살롱 문화가 요구하는 예의를 갖추려 노력하지 않았다. 대신 그들은 거나하게 취해 진창에서 버둥대는 것을 즐겼다.

19세기에 다른 지방에서 브르타뉴를 방문한 사람들은 도대체 무슨 행사가 있기에 이렇게 온종일 흥청망청 연회를 벌이는 것인지를 알아내려고 애썼다. 예컨대, 카니발이나 결혼식, 장례식 하다못해 장날이라도 되겠거니 짐작했던 것이다. 방문객들은 하나같이 공공장소에서 술을 마시는 행위에 대한 어떤 규범에 얽매여 있었고, 그러한 선입견을 만취한 브르타뉴 사람들에게도 대입하려 애썼다. 음주 행사에 대한 이러한 클리셰는 당시 문화를 지배하고 있던 파리지앵들의 작품이었다. 하지만 알코올 소비량이나 간경변 환자의 수로 따지면 파리가 브르타뉴

식사예절

를 압도적으로 능가했다.

20세기 초 프랑스 국립 의학 아카데미 소속 연구원 레이니어Reynier는 브르타뉴 지방 사람들이 그들의 음주 습관 때문에 멸종하게 되리라 예측했다. 생리학과 심리학 전문가였던 리허Richer는 이란이나 폴란드에서 온 망명자들이 향수병을 달래기 위해 다른 유럽인들보다 술을 더 많이 마신다고 주장했다. 영국에서도 이란인은 누구보다 술을 좋아하는 민족이란 꼬리표를 달고 다닌다.

술에 관해 가장 확고하게 자리잡은 인식은 북쪽 사람들일수록 더 많이 마신다는 것이다.

"아마도 그들이 술병을 잡도록 부추기는 건 환경일 것이다. 보통의 기후 환경에 사는 사람들에게 과도한 음주는 해롭다. 하지만 나쁜 기후 환경에서는 술의 고유한 성질이 사람의 활기를 북돋워서 추위에 얼어붙은 정신의 기능을 녹이고 움직이게 만든다."

17세기 영국 대사였던 윌리엄 템플Sir Wiliam Temple 경은 추운 날씨에는 취해 있기 십상인 네덜란드인들과 신년축제 동안 주점 앞에 잔뜩 취해 앉아 있지만, 그저 좀 피곤해보일 뿐 별다른 주사가 없었던 스칸디나비아 사람들을 관찰한 결과, 이런 고찰을 남겼다. 이미 17세기부터 북쪽 지방은 코가 삐뚤어지도록 술을 마시도록 만드는 요상한 지역으로 자리매김한 것이다.

식사예절이 복잡해진 까닭

종종 음식을 먹으면서

바다사자처럼 쿵쿵거리거나

작센에서 온 촌뜨기처럼 쩝쩝대는 사람이 있는데

이런 사람들은 예절이 무엇인가에 대해 아주 잘못

생각하고 있다.

종종 음식을 먹으면서

귀를 만지거나

코를 풀거나

눈물을 닦는 사람이 있는데

이는 식사예절에 어긋난다.

탄호이저Tannhäuser, 《궁정매너》, 13세기.

독일 기사이자 궁정 가인이었던 탄호이저가 13세기에 지은 시는 궁정 예절에 해당하는 식사법을 이렇게 가르쳤다. 비록 탄호이저의 이름이 붙긴 했지만, 식사예절은 물론 이 시에 등장하는 다른 여타의 행동 규칙들은 중세에 입으로 전해지던 수많은 예의범절 중 일부를 글로 남겨 확정한 것에 불과하다.

궁정 예절에 대한 12, 13세기의 책들은 무척이나

열정적이었다. 오늘날로 치자면 '친구와 성공과 권력을 쟁취하는 법' 정도의 제목이 붙을 만한 자기계발서와 비슷하다. 예절을 가르치는 책들이 제일 집중하는 분야가 바로 식사예절이다. 요즘 독자들은 식사예절을 아이에게나 필요한 단순하고 기초적인 것으로 생각할지도 모르겠다.

하지만 예절이란 게 막 생겨나기 시작한 그 시절을 상상해보자. 식기 도구가 등장한 지는 얼마 되지 않았고, 이전까지는 모두 손이나 허리춤에 차고 있던 칼로 음식을 먹었다. 혹은 한 그릇에 담긴 음식을 손가락으로 집어먹었다. 포도주도 큰 잔에 담아 돌려가며 마셨고, 수프도 큰 대접에 담아 함께 먹었다.

노베르트 엘리아스는 중세의 식사, 생활 습관의 특성을 현대적 관점으로 바라보면 다음과 같다고 설명했다.

 중세에는 여러 사람이 도구를 공동으로 사용하여 음식을 먹었는데, 이런 방식은 우리의 세계와는 전혀 다른 관계와 행동의 틀에 동기화돼 있다. 당시의 정서는 오늘날의 기준으로 바라보면 거북스럽거나 추잡스럽게 보인다. 이러한 궁정 세계에는 오늘날과 같은 정도로 존재하거나 적어도 오늘날만큼 발전되지는 못한 것들이 있다. 하나는 서로를 혐오하고 고립시키는 과정에서 인간의 육체와

육체 사이에서 등장하기 시작한 '정서의 보이지
않는 장벽'이 중세에는 적었다는 점이다. 또 다른
하나는 다른 사람의 손이나 입에 닿았던 것을 보
기만 해도 역겹게 느끼는 오늘날의 정서가 중세에
는 적었다는 점이다.

귀족계층을 독자로 둔 예전의 예법서에는 훌륭한
테이블 매너를 갖춰야 할 근본적인 이유에 대해 그 어떤
설명도 내놓지 않는다. 다만, "이는 궁중에서 장려하는 예
법에 걸맞지 않다"거나 "고귀한 핏줄의 자손은 그렇게 행
동하지 않는다"는 식으로 그렇게 해야만 하는 사회적 맥
락을 강조할 뿐이었다.
13세기 궁정 예법에 대한 시구에도 이 점이 잘 드
러난다. 예법을 지켜야 하는 이유는 에티켓에 어긋나는
행동이 주변사람들을 당황하게 만들고, 그것이 나쁘기 때
문이라는 것이다.
어쨌든 훌륭한 식사예절은 유행이 되었다. 귀족을
겨냥해 쓰인 예법서들은 부를 나눠 갖게 된 시민계층이
나 관료층으로부터 사랑받았다. 이런 계층의 사람들은 자
신을 일반 대중과 차별화해 자존심을 지키려 했고, 그 목
표를 달성하기 위한 방도로 궁중 예법을 따라 했다. 이후
엔 교회가 문명화된 행위 체계에 관심을 두기 시작했다.

교회는 일반 대중들 앞에 새로운 행동 모델을 제시하며 그리스도의 가르침을 전파했다. 그리하여 문명화된 예절에는 기독교적 뿌리까지 생겼다.

말썽 많은 식기도구

 식사 때는 두 손 중

네가 즐겨 쓰는 쪽을 쓰면 된다.

다만, 네 옆에 앉은 사람이 오른손을 쓴다면

그 사람에게 닿지 않는 손을 써라.

탄호이저, 《궁정매너》, 13세기.

탄호이저가 제시한 행동 규칙을 전통적인 이슬람 교도가 읽었다면 혐오감을 드러냈을 것이다. 이슬람 국가에서 왼손으로 먹는 것이 예법에 어긋난다. 먹을 때는 오른손을 쓰고, 왼손은 뒤를 닦을 때 쓰는 것이 그들의 예법이다. 반면, 서양에서는 손의 사용이 너그러웠던 대신 식기 사용에 관한 까다로운 규칙이 존재했고 여전히 존재한다. 예컨대, 어떤 상황에서 어떤 식기를 사용하는가 하는 것이다. 옛날에는 포크와 숟가락, 나이프가 굉장히 자주 말썽을 일으키는 위험한 도구였다. 다음의 비극적 스토리는 종종 이런 식기의 사용이 허용되지 않았던 까닭을 설명해준다.

11세기 베네치아 총독이 비잔틴 공주와 결혼했다. 결혼식 연회는 총독의 궁전에서 열렸다. 식사 시간이 돌아와 공주가 챙겨온 포크를 꺼내 들자, 그녀를 제외한 좌중이 깜짝 놀랐다. 당시 베네치아 사람들은 포크를 사용하면 지옥 불에서 뭉근하게 삶아지는 벌을 받는 것으로 믿었다. 포크는 사탄이 들고 다니는 삼지창을 연상시킨다는 이유로 사용이 금지된 도구였다. 그리고 실제로 공주는 그 연회 이후 중병에 걸렸다. 시간이 지나 이탈리아의 신학자 보나벤투라Bonaventura는 이를 악마의 도구를 사용한 데 대한 신의 형벌이라고 해석했다.

한 독일 목사는 포크의 악마적 성격을 신이 인간에게 손과 손가락을 만들어 준 이유와 연관 지어 설명하기도 했다. 그는 인간에게 손가락이 있는 까닭은 포크 대신 손가락을 사용하라는 신의 의도를 보여준다고 했다. 사람이 손가락을 사용해 먹는 방법에도 여러 가지가 있다. 예를 들어, 옛날에는 신분이 높은 귀족들이 세 손가락만을 사용해 음식을 먹는 것이 에티켓이었다. 중세에는 손가락과 함께 숟가락을 사용하기 시작했는데, 단 공동 대접에 담긴 수프를 순서대로 떠먹을 때 한해 딱 한 개만 사용할 것을 명시적으로 규정했다. 13세기부터는 "숟가락으로 먹을 때 숟가락을 쭉쭉 빨지 마라"라는 지침이 예절로 가르쳐졌다.

그래도 숟가락은 여전히 귀족만의 전유물이자 귀중품이었다. 일반 대중은 공동 대접에 담긴 수프를 돌아가며 입을 대고 마셨다. 당시의 훌륭한 예절은 수프를 마신 다음 옆 사람에게 넘겨주기 전에 자기 입술이 닿았던 자리를 손으로 훔치는 것이었다. 사람들은 자신이 아는 한 가장 지위가 높은 사람과 같은 대접에 먹으려고 애썼다.

예법서가 개인의 숟가락 사용법을 가르치기 시작한 것은 16세기 들어서다. 그때쯤에는 같은 컵으로 마시고 같은 접시로 먹는 것은 부부 사이에서나 용납됐다. 손가락으로 소스를 찍어 먹는 사람도 사라졌다.

식기 도구 중 몇 가지는 이미 중세부터 궁정 식탁에 올랐고, 마치 식사예절과 같은 기능을 발휘했다. 즉, 사용자의 신분을 돋보이도록 만드는 것이다. 식기의 상징성은 그 소재에서부터 확연하게 드러났다. 예를 들어, 13세기 숟가락은 금이나 크리스털 혹은 산호석으로 만들어졌다. 귀금속으로 만들어진 숟가락은 중세 중반부터 널리 퍼져나갔다. 처음엔 그저 공동 접시에 담긴 요리 중 고기구이 같은 것을 집어서 자기 앞에 가져다 놓는 용도로만 쓰였다. '악마의 삼지창'으로 불리던 포크는 서유럽 교회가 오랫동안 사용을 금지했다. 16세기까지도 이탈리아

몬테베르데Monteverde의 왕자는 세 번씩 기도를 올리고 나서야 포크로 밥을 먹었다. 하지만 이는 예외였고 이미 이탈리아와 프랑스 왕실에서는 포크를 흔하게 사용하고 있었다. 다만, 새로운 문물 다루는 법을 배우는 데 연습이 필요하긴 마찬가지였다. 포크를 프랑스에 들여온 헨리 3세가 남긴 기록에 따르면 궁궐 사람들이 포크를 능숙하게 사용할 수 있을 때까지 접시에 담긴 음식의 절반은 입으로 들어가지 못하고 바닥에 떨어졌다고 한다. 반면, 영국인들은 17세기 무렵까지 포크를 미심쩍게 생각했다. 식사 때 항상 포크를 사용했던 한 영국인은 자기 나라 사람들로부터 '푸르치페루스furciferus'란 별명으로 불리며 경멸을 당했는데, 이는 '포크를 들고 다니는 자'란 뜻이다.

칼 – 무기에서 식기로

 내가 너희에게 당부한다. 칼 없이도 썰 수 있는 모든 것은 포크로 찢어야만 한다.

제인 아스터 Jane Aster, 《상류사회의 습관》, 1859.

칼은 식기로 쓰이지만, 때에 따라 무기가 될 수도 있다. 그런 이유로 식탁에서 칼의 사용은 오랫동안 철저하게 제한되었다. 그중엔 앞에서 언급한 것처럼 말도 안 되는 규정도 있었다. 이는 실제 영국 예법서에서 인용한 것이다. 칼의 역사는 두려움이 커지는 것만큼 증가하는 규정의 역사라고 해도 과언이 아니다.

기사가 사회 지배계층이던 시절에는 칼의 사용에 대한 규정이 거의 없었다. 그들은 어차피 충동적이고 위험한 삶을 살았기 때문이다. 중세 초기 예법서는 그저 칼로 이를 쑤시는 짓만 금하고 있을 뿐이다. 여기에 중세 말이 되면서 칼끝으로 자기 자신은 물론 다른 사람을 가리키지 말라는 조항이 추가됐다. 이 조항을 통해 실제 물리적 위협은 그 이전보다 줄었지만, 오히려 칼이 위험하다는 인식은 더욱더 확고하게 자리잡았음을 알 수 있다.

"네 칼로 네 얼굴을 가리키지 마라. 다른 사람들이 깜짝 놀란다." 15세기 말경 출간된 캑스톤Caxton의 《예의범절에 관한 책》은 이렇게 말했다. 근대에 이르러 칼에 관한 규정은 하나둘씩 늘어난다. 프랑스의 조언자, 클로드 칼비악Claude Calviac은 오늘날까지도 많은 사람이 칼을 다룰 때 유념하는 조언을 남겼다. "누군가에게 칼을 건넬 때는 칼끝을 손으로 잡고 칼자루를 상대 손에 쥐여줘라. 그렇게 해야 다른 의도가 없음을 분명히 할 수 있다."

16세기부터는 매일같이 늘어난 까다로운 규정들이 칼의 자유로운 사용을 제한했다. 예컨대, 칼을 손에 쥐는 법까지도 규정으로 정해졌다. 국가가 폭력을 독점하게 되었을 뿐 아니라 '훌륭한 매너' 같은 개념이 개인의 행동을 통제하면서 사회는 점점 더 평화로워졌다. 칼에 대한 규정을 지키는 것 또한 점점 더 중요해졌다. 급기야 19세기 중반에 이르러서는 영국의 한 예법서가 식탁에서 칼의 사용을 될 수 있는 대로 피하라고 권유하기까지 했다.

칼에 대한 수없이 많은 금지 조항과 철저한 금기들은 칼이 얼마나 위험한 물건인지, 그리고 원래는 얼마나 유용한 무기였는지를 강조한다. 이러한 제한 조치들은 사회의 행동 규제 본능을 반영한다. 칼의 상징적 위험성만으로도 두려움은 충분히 자극되는 것이다. 식사예절이 세련되는 과정에서 칼 사용에 대한 설명은 점점 더 논리적이고 일상적으로 발전해왔지만, 그 뒤에 버티고 서 있는 전제는 항상 그 칼을 보는 사람의 마음을 불편하게 만드는 두려움이라는 감정적 요소였다. 사회는 인간의 삶에서 실제로 위험한 순간이 오지 않길 바랐기에 상징적인 제스처와 사물까지도 통제하고자 했다.

식기 사용에 대한 규정, 그중에서도 칼에 대한 규정은 일종의 무장 해제를 의미했다. 국가는 치안 유지 능력이 없었고, 삶이 충동에 의해 좌지우지되던 중세에는 각자가 무기로 쓰던 칼을 식탁에서도 사용했다. 그런데 17세기 프랑스 왕이 귀족들을 모두 베르사유에 소집한

후, 종잡을 수 없던 기사도를 단 한순간에 해체시켜버렸다. 그러자 귀족들은 다른 방식으로 다툼을 벌였다. 무기를 휘두르며 다투는 대신, 박식함이나 훌륭한 매너를 경쟁적으로 갖추는 것으로 교양 전쟁을 벌였다.

오늘날 서구 사회의 식기 사용법은 어디서나 비슷하다. 하지만 500년 전만 해도 유럽 국가들의 식사예절은 제각각이었다. 프랑스인 클로드 칼비악은 자신의 예법서에서 그 차이를 다음과 같이 설명했다.

 독일인들은 수프나 여타의 물기가 있는 음식을 먹을 때 숟가락을 사용한다. 이탈리아인들은 포크를 사용하고 프랑스인들은 자신에게 편한 대로 숟가락과 포크를 골라서 쓴다. 이탈리아인들은 대체로 각자 하나씩 칼을 들고 먹는다. 하지만 독일인들은 누가 칼을 들고 먹거나 칼을 빌리자고 하면 색안경을 쓰고 심하게 오해한다. 이점에선 유독 유별나다. 반면, 프랑스인들은 칼을 두세 자루씩 식탁 위에 올려놔서 칼을 달라고 요청하거나 건네받는 번거로움 없이 자유자재로 사용할 수 있도록 준비해둔다.

클로드 칼비악, 《초심자들을 위한 교양서》, 1560.

유럽 내에서의 차이보다 더 흥미로운 것은 유럽과 중국의 차이다. 문명의 역사가 유럽보다 훨씬 더 긴 중국에서 칼은 이미 수백 년 전에 식탁 위에서 사라졌다. 음식은 이미 주방에서 나뉘고 썰린다. 노베르트 엘리아스의 표현대로라면 "커튼 뒤에서" 작업은 끝나고 사람들은 젓가락만 들고 식탁에 앉는다.

유럽인이 식사하는 광경을 본 중국인들이 미개하다고 여기는 것은 어찌 보면 당연한 일이다. "유럽인들은 야만인이다. 그들은 검을 들고 밥을 먹는다." 중국 사람들은 이렇게 말했다. 중국의 식사법이 이렇게 발전한 것은 예법의 본보기가 되는 중국의 상류층이 유럽과는 달랐기 때문이다. 유럽의 상류층이 전쟁을 일삼는 기사들이었다면, 중국의 상류층은 지식이 많은 관료층으로 기사들보다는 훨씬 평화로운 기질의 사람들이었다.

요즘 패스트푸드점에서 사람들이 마주앉아 손에 햄버거를 들고 먹는 모습을 보면 식사예절이라는 것이 매우 느슨해졌다는 것을 알 수 있다. 그렇다고 식사예절이 잘못됐다거나 미개하다고 비난하는 사람은 없다. 당연히 이런 상황도 해석이 가능하다. 음식이 이미 잘려서 나오는 판국에 구태여 식탁에서 칼을 들 필요가 어디 있겠는가.

문명의 번들대는 겉모습

중세의 방탕한 삶의 방식이 무절제한 모든 종류의 충동을 억누르는 문화에 자리를 내주기 시작하면서, 식사법도 좀 더 철저한 감시 아래 놓였다. 식탁에서 '짐승처럼' 행동하는 것은 갈수록 더 많은 혐오와 거부감을 불러일으켰다. 사회가 관례를 지키지 않은 사람은 두려움과 수치를 느끼도록 압력을 넣은 것이다. '잘못된' 테이블 매너에 대한 혐오감은 금지 조항과 금기를 실제 의례로 지켜지게 하는 원동력이 되었고 옳고 그름에 대한 새로운 감각을 만들었다.

17세기 프랑스의 궁정 문화는 극단적이라 할 만큼 까다로운 식사예절을 탄생시켰다. 태양왕 루이 14세는 본인이 직접 감독관으로 나섰다. 어느 날 그는 총리부인이 공작부인보다 먼저 식탁 앞에 앉는 모습을 보고 심기가 불편해진 나머지 접시 위에 차려진 것을 단 한 점도 입에 넣지 못했다.

그는 귀족에겐 걸맞지 않은 엄청난 결례의 현장을 목격한 증인이 되어 견디기 힘들고 울분이 터지는 통에 식욕이 사라졌다고 말했다. 그러자 총리부인은 물론 공작부인까지 매달려 왕의 틀어진 심기를 푸느라 진땀을 빼야 했다.

오늘날에도 식사예절은 사회적 차별의 도구로 쓰인다. 예를 들어, 누군가가 궁중 에티켓을 연상시키는 각종 규칙이 엄격하게 정해진 고급 레스토랑에서 식사를 했다고 말하면 주변에서 그를 다르게 보기 시작한다. 그런 레스토랑에 가는 사람의 첫 번째 목표는 허기를 면하는 데 있지 않다. 스타일과 매너가 더 중요한 문제다. 웨이터와 손님의 행동은 정해진 양식을 철저하게 따른다. 제스처와 몸가짐, 여러 가지 식기의 활용과 자리 배치 등이 엄격하지만 우아하게 통제된다. '품위 있는' 행동을 규정하는 이 모든 코드들이 어우러진 한 번의 식사는 현실 속 일상이 아니라 규격화된 행사가 된다.

강요된 품위 있는 식사

자녀교육에 활용되는 이론은 문명이 번지기 시작한 2백년 전이나 요즈음이 크게 다르지 않다. 그때나 지금이나 아이들은 어른들의 세계에서 본보기를 찾는다. 에라스무스 폰 로테르담은 무엇보다 가정에서 제시되는 본보기가 중요하다고 생각하고, 앞으로 상류층 학교에서 쓰일 '예절 교육 도서'를 집필하게 될 추종자들을 독자로 삼아 명령이 아니라 제안하듯 예법서를 썼다. 하지만 노베르트 엘리아스는 개인의 충동적 행동이 외부적으로 억압되는 경험을 통해 식사예절이 학습된다고 주장했다. 그의 주장에 따르면, 대부분의 어린이가 그들의 쾌감이나 불쾌감이 외부의 압력과 강요에 의해 문명의 기준에 맞춰 조정될 때 수치심과 당혹감을 느낀다. 다만, 성인이 되어 기억하지 못할 뿐이다.

다음 인용은 프랑스 교사들의 수호신으로 불리는 장 밥티스타 드 라 살Jean Baptiste de La Salle이 자신의 예법서를 통해 교육 권위자로서 제안한 것이다.

 식탁에서는 냅킨 한 장과, 접시 한 장, 칼 한 자루, 숟가락과 포크 한 벌을 사용한다. 식사하면서 그중 하나라도 빠뜨리고 사용하지 않는 것은 법도에 어긋난다. (…) 숟가락이나 포크, 칼에 음식 찌꺼기나 기름기가 묻은 채로 두는 것은 매우 무례하므로 입으로 깨끗하게 빨아먹는다. 어떤 경우에라도 냅킨으로 식기를 닦아선 안 된다. (…) 식탁에서 계속 칼을 쥐고 있으면 안 된다. 쓸 때만 잠시 잡는 것으로 충분하다. (…) 숟가락이나 포크를 마치 지팡이 잡듯이 손바닥 전체로 잡는 것은 예절에 어긋난다. 엄지와 검지 사이에 끼어서 사용한다. 수분이 많은 음식을 떠서 입에 집어넣는 데 포크를 사용해선 안 된다. 그런 음식을 먹기 위해 숟가락이 만들어진 것이다.

장 밥티스타 드 라 살,《예법과 기독교 사회의 규칙》, 1729.

예절을 가르치는 전문가들이 쓴 안내서의 대부분이 상류층의 자녀교육에 초점을 맞춘 데 반해, 드 라 살을 비롯한 몇몇 교육학자들은 낮은 사회계층에도 예절이 확산돼야 한다고 믿었다. 그들이 쓴 소책자들은 주로 식기 사용법이나 사회에서 적절하게 처신하는 법을 배울 수 있는 가정용 핸드북으로 활용되었다.

오늘날엔 식탁은 물론 집안의 다른 곳을 청결하게 관리해야 하는 이유를 위생에서 찾는다. 적어도 어른들은 그렇게 아이들을 가르친다. 하지만 중세와 근대 초기에 이르기까지 사람들에겐 위생 개념이 없었다. 그들에게 깨끗해야 하는 이유는 오늘날 우리가 이해하는 것과 전혀 달랐다. 중세 초반까지는 식기가 없고 손가락을 이용해 식사했기 때문에 식전 손 씻기가 매우 중요했다. 사람들은 식탁에 앉아 손을 씻었는데, 손님 앞에 대야를 내놓는 것이 예의 바른 관례에 속했다. 옆자리에 앉은 사람과 대야를 함께 쓰는 것도 정중한 행동이었고, 옆자리가 이성일 경우 손을 씻겨주는 것은 더욱더 예의 바르게 여겨졌다. 반면, 손 씻는 과정을 건너뛰는 것은 엄청난 모욕으로 받아들여졌다.

하지만 식사가 다 끝난 뒤 상황은 좀 다르게 흘러
갔다. 손을 또다시 씻는 것은 유난스럽게 비쳐졌다. 그래
서 사람들은 기름기로 번들거리는 손가락을 자기 옷자락
에 닦았다. 11세기 독일 황제 콘라드 2세는 손님들의 손
을 궁녀들의 하얀 옷자락에 닦도록 허락했다. 이를 두고
당시 사람들은 "상상할 수 없을 만큼 예의 바른 행동"이
라고 칭찬했다.

개인용 냅킨은 15세기 무렵 통용되었으나 사람들
은 한참이나 그 용처를 모른 채 살았다. 이에 지오바니 델
라 카사 대주교는 《예법전서》를 통해 "양손을 거의 팔꿈
치까지 더럽히며 밥을 먹은 돼지 같은 자들에게 냅킨을
주면 불결한 주방이나 행주가 한결 깨끗해질 것"이라고
주장했다.

 그들은 더러워진 냅킨으로 끊임없이 땀을 닦아내면
서 그 불결함을 부끄러워한다. (급하게 많은 음식을
집어넣느라 이마에서부터 온 얼굴과 목을 적시도
록 흐른 땀은 심지어 바닥에 뚝뚝 떨어지기까지 한
다.) 그러다가 코를 훌쩍거리면 냅킨에 코를 푼다.

지오바니 델라 카사, 《예법전서》, 1558.

반면, 에라스무스 폰 로테르담은 식사 후 손가락을 입으로 빨거나 상의에 닦는 일은 무례하다고 말했다.

요즘 예법서들은 식기 사용에 관한 기본 규칙을 가르치는 것에 큰 의미를 두지 않는다. 수백 년간 문명화 과정을 거치면서 그런 규칙들은 문화 기저에 닻을 내렸고, 그 덕에 우리 모두 아주 어린 시절부터 규칙들을 내면화했기 때문이다. 사람들은 식기 사용법이 틀렸다고 해서 당혹감을 느끼지 않는다. 대신 적절하지 못한 일이 벌어질 때 훨씬 더 수치심을 느꼈다. 다음 장에서 이를 상세히 다룰 것이다.

자연 욕구와 분비물

화장실에서 용무를 해결하는 일이
사생활로 보호받기 시작한 지가
그리 오래되지 않았다.

어떤 이들은 아이에게 장에서 바람이 나오려고 한
다면 엉덩이에 힘을 줘서 참으라고 가르친다. 하
지만 예의 바르게 보이려는 열망 때문에 자신을
힘들게 하는 것은 훌륭한 매너라고 할 수 없다. 만
약 잠시 자리를 옮길 수 있다면 그곳에서 일을 처
리하라. 하지만 그것이 여의치 않을 때에는 오래
된 속담을 따라 '기침 소리로 방귀 소리를 가리도
록' 가르치라.

에라스무스 폰 로테르담,

《어린이들을 위한 예절 핸드북》, 1530.

중세에는 공공연하게 방귀를 뀌는 것을 두고 흠

잡는 사람이 아무도 없었다. 노르만족 태수였던 로저 1세는 1071년부터 1101년 사이 이탈리아 최남단 시칠리아 섬까지 그 세력을 확장했다. 동시대 역사학자 가우프레두스 말라테라Gaufredus Malaterra에 따르면 그는 역대 통치자 중 가장 훌륭하고 용감하며 언변이 뛰어난 정치인이었다. 그 훌륭한 태수도 공공장소에서 방귀를 뀌었고 이는 그의 평판에 아무런 영향을 주지 않았다.

아랍의 연대 기록자 이븐 알 아시르Ibn-al-Athir가 기록한 바에 따르면 발두인 왕이 로저 1세의 궁에 전권대사를 보내 북아프리카를 함께 점령하자고 제안했다고 한다. 모두가 그 제안이 탁월하다고 생각하고 있을 때, 로저는 한쪽 다리를 들고 엄청난 소리의 방귀를 뀌며 다음과 같이 말했다. "당신에게 여러 다른 말을 하는 것보다 이거 한 방이 훨씬 낫겠군."

중세 사람들은 방귀가 악마의 체취라고 생각했다. 천국에서 모든 것이 향기롭다면, 지옥에선 그 반대일 것으로 생각한 것이다. 마녀들의 의식이 열리는 날이 되면 미녀들이 괴물과 함께 똥, 오줌 위에서 춤을 추고 목이 마르면 오줌과 피를 마신다는 소문이 떠돌았다. 마녀사냥에서 흔히 등장하는 비난 중 하나가 마녀는 얼음장처럼 차가운 악마의 엉덩이에 키스를 한다는 말이었다.

중세시대에 인간의 본능적 욕구와 신체 배설물은

낯선 상상력을 자극해 판타지의 세계를 열도록 했다. 그렇다면 공공장소에서 방귀를 뀌는 일과 여타의 배설 행위에 대해 예법서는 어떻게 가르쳤을까? 에라스무스는 신체에서 나오는 바람을 소리 없이 배출하는 것이 최선이며, 소리가 나더라도 몸 밖으로 내보는 것이 좋다고 조언했다. 참는 것은 건강을 해치기 때문이었다.

더불어 식탁에서 갖춰야 할 기본예절 중 하나는 앉은 채로 의자를 앞뒤로 끌지 않는 것이다. 이는 몰래 방귀를 뀌려는 것처럼 보이기 때문이다.

 의자에 앉아 앞뒤로 몸을 흔들며 꼼지락거리다가 다시 하체에 힘을 주고 바로 앉는 것은 계속 방귀 뀌는 중이거나 뀌기 직전이란 인상을 준다. 그러니 식탁 앞에 앉을 땐 몸을 꼿꼿이 펴고 균형을 잃지 않도록 애써야 한다.

에라스무스 시대에만 해도 방귀가 금기시되지 않았으며 그 덕에 공공연하고 객관적으로 방귀에 관해 이야기하는 것이 가능했다는 점을 분명히 알 수 있다. 하지만 그렇다고 해도 사람들이 보는 앞에서 가스를 배출하는 것은 서로 간에 당황스러운 노릇이었다는 것도 알 수 있다. 이는 방귀 소리를 가능하면 다른 소리로 덮으라고 가르친 앞선 조언에서도 드러난다.

하지만 현장의 소리는 좀 달랐던 것으로 보인다. 프랑수아 라블레François Rabelais가 16세기에 쓴 여러 작품은 당시 사람들이 방귀를 얼마나 재미있게 생각했는지를 보여준다. 여인숙이나 맥줏집에 모인 손님들은 그들의 신체 기능을 작동시키는 데 스스럼이 없었다.

독일의 성직자 마틴 루터Martin Luther는 부패한 교황은 물론이고 술과 여자, 노래 등에 대해서도 가감 없이 자신의 견해를 피력했다. 그는 악마를 퇴치하는 데 아주 실용적인 도구라며 방귀를 두둔했다. 그는 "그래도 나는 악마에게 굴하지 않는다. 나는 종종 방귀 한 방으로 악마를 저멀리 쫓아버린다"라고 기록했다.

반면, 18세기의 한 영국 작가는 주점에 모인 손님들의 행태에 반감을 드러냈다. "시끄럽게 떠들어대는 소리에 불쾌한 트림과 방귀 소리가 뒤섞인 분위기는 이성이 있는 사람이라면 누구나 수치심이 들게 만든다." 글쓴이의 심기를 건드린 것은 음주가 아니라 트림과 방귀의 '미개한' 소음이었다. 그리고 19세기에 이르자 에라스무스가 언급한 방귀의 건강상 이점은 더 이상 존재하지 않게 되었다. 오히려 정반대로 다른 사람 앞에서 방귀를 뀐다는 것은 욕구를 통제할 수 있는 신체적 기능에 이상이 있음을 알리는 신호로 여겨졌다.

오늘날에도 적절치 않은 상황에서 방귀를 뀌는 것은 당황스러운 일이다. 하지만 그렇다고 해서 신경질적으로 금기시하지는 않는다. 방귀는 언제나 훌륭한 농담거리다. 시시껄렁한 아이들의 농담뿐 아니라 TV 예능 프로그램에도 심심찮게 등장한다. 방귀 소리에 터지는 박장대소 뒤에는 방귀 배출을 당황스럽게 여기는 무의식이 버티고 있다. 웃음으로 당혹감을 무마하려는 것이다.

크고 작은 볼일들

몸속의 물을 내보내거나 장을 비우고 있는 사람에게 인사를 하는 것은 무례하다.

에라스무스 폰 로테르담,

《어린이들을 위한 예절 핸드북》, 1530.

같은 이유에서 누군가가 길을 가다 역겨운 것을 보았을 때 같이 가던 사람 쪽을 돌아보며 그것을 손으로 가리키는 것은 부적절한 습관이다. 한술 더 떠 같이 가던 사람의 코 아래에 역겨운 것을 들이밀며 "얼마나 고약한 냄새가 나는지 한번 맡아 보시지요" 하며 불쾌한 냄새를 맡게 하는 일도 있다. 그보다는 "냄새가 고약하니 코를 막으시지요"
라고 말해야 한다.

지오바니 델라 카사, 《예법전서》, 1558.

옛날 예법서에 나오는 충고들은 배뇨와 배변, 배설을 공공연한 일상의 일부로 받아들였던 당시 분위기를 대변한다. 중세와 근대의 일반인들은 신호가 오면 그 자리에서 용변을 해결했다. 변기나 보조 도구를 사용하지 않고 창문을 통해 길에다가 바로 노폐물을 버렸다. 일반인들이 용변을 보도록 정해진 장소는 흔치 않았고 그마저도 공동으로 사용했다. 예를 들어, 13세기에서 14세기로 넘어가던 무렵 런던 브릿지 인근에는 모두 838가구가 살았는데, 공동변소는 딱 하나였다. 그러니 일반인들은 대부분 템스강에서 용무를 해결했다.

안뜰처럼 길가의 후미진 곳도 장을 비우기에 알맞은 장소였다. 일반인은 물론 귀족의 집에도 그런 공간은 배설물로 질퍽거리는 게 정상이었다. 17세기 런던의 한 사업가는 낯선 집에서 요강을 찾을 수 없자 벽난로에 용변을 봤다. 귀족들 역시 억지로 참기보다는 궁전의 벽난로라도 찾아 소변을 봤다.

당시는 하수도가 없던 시절이라 유럽 도시의 거리

에는 어디나 똥이 넘쳐흘렀다. 당시 상황에 대해 누군가는 "어디에서나 천 개의 똥 덩어리를 볼 수 있었고 코를 찌르는 냄새는 천배에 달했다"고 표현했다.

18세기 에든버러의 행인들은 반드시 모자를 써야 했다. 어느 집이나 하루에 한 번은 창문을 열고 길에다 요강을 비웠기 때문이다. 요강을 비우기 전 행인들을 향해 피하라고 외치는 소리를 어디서나 들을 수 있었다. 배설물은 밤새도록 길에 떨어져 있었다. 시의 청소원들은 이튿날 아침에서야 길을 치웠기 때문이다.

어디에나 배설물이 있었기에 당시 사람들은 배설물을 아무렇지 않게 다뤘다. 오늘날 관점에선 아무렇지 않아도 '너무' 아무렇지 않았다. 하물며 어떤 독특한 목적으로 활용하기도 했다. 16세기《짐머가의 역사》에는 안드레아스 폰 조넨베르크Andreas von Sonnenberg에 관한 흥미로운 일화가 등장한다. 당시엔 축제 마지막날 만찬을 끝내고 개똥을 가져다가 남녀가 서로의 머리에 발라주었다고 한다. 한때 이것이 공공연한 의례의 하나로 여겨졌으나 그 기록을 남긴 사람은 '이제는 더 이상 이 관습을 행하지 않는다'고 덧붙였다. 그 똥 때문에 옷가지와 집 벽이 썩어 들어갔기 때문이다.

17세기 한 런던 여자는 연극 공연 중 설사가 찾아오자 상가가 즐비한 대로변 모퉁이에 급한 용무를 해결했다. 가까운 곳에 변소가 없었기 때문이다. 에라스무스가 '다른 사람이 용변을 볼 때 인사하는 것은 무례하다'고 쓴 데는 다 이유가 있었다. 16세기 예법서가 조언하는 바를 살펴보면 용변과 관련된 영역은 이미 상당 부분 세련되게 변했지만 그래도 여전히 그 주제에 대해 공공연하게 이야기하는 것이 허용됐다. 용변이 '당황스러운' 주제가 된 것은 시간이 좀 더 지나서다. 어디서나 용변을 보는 사람들에게 용변은 더없이 일상적인 주제였다. 18세기에도 상황은 크게 달라지지 않았다. 부유한 집안의 연회에는 식탁 옆에 탁자가 하나 더 세워졌고 그 위에는 요강이 올라갔다. 그것이 식사를 마친 손님들을 위한 배려였다.

변기의 지루한 역사

요강에서 한발 더 나아간 발명품이라고 한다면 그것은 말할 것도 없이 변기다. 중세에 최고의 위생 시설을 갖춘 곳은 수도원이었다. 수녀와 신부는 영적으로뿐 아니라 육적으로도 정결한 삶을 살았기 때문이다. 그들은 수도원 변소에 파놓은 구덩이나 배수관이 설치된 화장실에서 용변을 봤다. 수도원의 일과는 엄격하게 정해져 있었기 때문에 모두가 동시에 자연의 부름에 응해야 했다. 이를 위해 수도원 변소에는 여러 개의 구멍이 뚫린 긴 의자가 놓

자연 욕구와 분비물

여 있었다. 중세 귀족들의 성에도 변소가 설치되었는데, 차가운 벽면으로 둘러싸인 공간을 좀 더 안락하게 조성하기 위해 일부러 따뜻한 굴뚝 옆에 변소를 두었다.

변소는 이미 오래 전부터 있었지만 처음부터 사적인 공간은 아니었다. 예를 들어, 요크시의 관청은 17세기 들어서야 변기들 사이에 벽을 세웠다. 귀족의 변소는 좀 더 좋았지만 훤히 들여다보는 것은 매한가지였다. 오늘날 고급 차를 타는 사람이 한껏 뽐을 내듯, 당시엔 화려한 화장실이 자랑거리였다. 특히 근대 초기 궁궐에서 쓰던 변기는 당시 호화로웠던 귀족문화의 결정체다. 네모난 궤 형태의 변기 외관은 벨벳으로 감싸졌고 여러 장식과 문양으로 꾸며졌다.

루이 14세 시절 베르사유에는 이런 변소가 모두 264개나 있었다. 이는 유독 호화로웠던 당시의 문화가 사적인 영역에까지 퍼졌다는 뜻이 아니다. 그보다는 변기가 남들에게 보여주기 위한 면류관 역할을 했다는 의미로 해석된다. 사람들은 자연의 부름에 화답하는 동안에도 손님을 맞이했다. 루이 14세는 변기에 앉아 자신의 결혼이 임박했음을 알리기도 했다. 하지만 시대가 바뀌자 변소는 가능하면 숨기는 게 좋은 곳으로 변했다. 예를 들어, 프랑스 귀족들은 지루해보이는 책들로 방을 가득 채워서 그 뒤에 있는 변소를 가렸다.

최초의 수세식 변소는 19세기에 이르러서야 비로소 현실화되었다. 하지만 영국의 엘리자베스 1세 여왕의 대자f였던 존 헤링턴Sir John Harington경은 1569년 이미 수세식 화장실을 구상했다. 그보다 훨씬 이전에는 레오나르도 다 빈치가 여러 다른 발명품과 더불어 인간의 자연 욕구를 처리하기 위한 기술을 발명하기도 했다. 그러나 16세기 사람들은 수세식 화장실에 별 관심을 보이지 않았다. 품위의 시대를 살던 당시 사람들은 화려하게 치장된 변기를 쓰긴 했어도 화장실의 위생 상태에 신경을 쓰지 않았다.

결정적으로 위생 관념이 생긴 것은 유럽 도시들에 하나둘씩 하수도망이 깔리기 시작한 19세기부터다. 도시에 살던 사람들은 처음에는 하수도관의 설치에 반대했다. 그렇게 되면 더 이상 자신들의 똥을 거름으로 내다 팔 수 없기 때문이다. 하수도망이 설치되면서 공공장소에서 배설물도 사라졌다. 모두 땅 아래로 자취를 감춰버렸다.

수치심은 어떻게 내면화되는가

16세기 에라스무스는 공공장소에서 '개인적 용무'를 처리하고 있는 사람에게 인사하지 말라는 허심탄회한 조언을 책에 적었다. 이와 비교할 때, 200여 년 후의 예법서들은 그 사안에 대한 사회 전반적인 분위기가 한결 예민해지고 수치심을 강요하는 쪽으로 조성되었음을 보여준다. 그중에서도 장 밥티스타 드 라 살이 펴낸 예법서가 시대에 따라 판형을 갈면서 바꾼 부분을 비교하다보면 유익한 깨달음을 얻을 수 있다. 예를 들어, 1729년 출간된 판형은 용변의 해결에 관해 다음과 같이 가르친다.

 급하게 소변을 봐야 한다면, 외진 곳을 찾아 해결하라. 소변 이외 다른 자연적 욕구는 사람이 보지 않는 곳에서만 해결하는 것이 적절하다. 어린아이도 예외가 아니다. 여러 사람이 모인 자리에서 자기 몸에서 나온 바람을 다른 사람이 감지하게 하는 것은 매우 무례한 짓이다. 그 바람이 위로 향하든 아래로 향하든 간에 소리 없이 처리하라.

하지만 같은 책의 1774년 판형에는 같은 단락이 다음과 같이 줄어들었다.

자연적 욕구에 관해서는 다른 사람이 보지 않는 곳에서만 해결하는 적이 적절하다. 어린아이도 예외가 아니다.

신체 작용에 당혹감이란 감정이 연결되자 사람들은 그 주제를 다룰 때 완곡어법을 사용했다. 오늘날 매너를 가르치는 책들은 '자연적 욕구'를 거의 언급하지 않는다. 공식적인 대화에서도 신체 작용과 배설 같은 주제는 아예 배제된다. 이미 유년 시절에 이와 관련된 삶의 영역에서 수치심을 느끼는 기제를 내면화한다.

배변이나 배설물에 대해 공공연하게 얘기하는 것이 껄끄러워질수록, 그런 상황을 고도의 개인사로 처리하는 방식 또한 빠르게 개발되었다. 노베르트 엘리아스의 문명화 이론에서 화장실은 행동 통제의 기술적 측면을 보여주는 대표적인 사례로 제시된다. 그에 따르면 화장실이란 당황스러운 용무를 공식적 삶에서 멀리 떨어뜨려 놓도록 도와주는 보조 장치다. 문명화된 생활을 위한 변기와 여타의 보조 장치들은 '저절로' 생겨난 것이 아니다. 이 모두가 사회적 관계에 새로운 기준이 생겨나면서 발생한 문제를 해결하기 위해 고안된 것이다.

일반적으로 사람은 하루에 네 번에서 여섯 번가량 화장실을 가지만, 만약 맥주를 마셨다면 신체 기능은 원래의 리듬을 잃는다. 알코올은 뇌하수체의 호르몬 생산량을 급격히 떨어뜨리고 그 과정에서 소변 생산량이 늘어난다. 독일의 맥주 축제인 옥토버페스트를 찾은 손님이 분위기에 들떠 급하게 1L짜리 맥주 두 잔을 들이켰다면,

한 시간 안에 안절부절못하며 화장실을 찾을 것이다. 잡지 《뉴 사이언티스트New Scientist》가 조사한 남자의 화장실 체류 시간은 평균 39초다. 여자는 89초다. 남녀 평균으로 대강 말하자면 옥토버페스트 손님들은 화장실에 들어가서 대략 1분 후에 나온다고 할 수 있다. 변기 하나가 한 시간 동안 처리할 수 있는 용변은 최대 60인분인 셈이다. 그리고 모든 손님이 시간당 1L짜리 맥주 두 잔을 마신다면 그다음 한 시간 안에 모두 화장실로 달려갈 것이다. 따라서 축제에 모인 1만 명의 문명화된 인류를 위해선 167개의 변기가 필요하다.

술잔을 더 빨리 비우는 애주가라면 충분치 않은 변기의 상황을 방광이 기다려주지 않을 것이다. 최대 용량이 500mL인 방광에 350mL가 넘는 소변이 차면 그 방광의 주인은 식당 안에서든 길바닥에서든 방광이 하자는 대로 순순히 따를 수밖에 없다. 스페인 북부 팜프로나 지방에서 열리는 보호성인 축제에 가면 두 눈으로 직접 방광의 요구에 굴복한 주인들의 모습을 목격할 수 있다. 몇몇은 황소에 쫓기듯이 뛰어다니지만, 대부분은 술을 마시고는 신호가 오면 길모퉁이에서 지퍼를 내려서 용무를 해결한다.

이를 두고 네덜란드의 문화역사가 피터 스피렌버그Peter Spierenberg는 세상에 어떤 나라도 인간의 신체 분비물을 완벽하게 통제하지 못한다고 주장했다. 밤이 깊어지면 바에서 술을 마신 사람들이 운하 옆에서 오줌을 누는 광경을 목격하는 것은 암스테르담에서 일상적인 일이다. 2000년엔 하노버에서 열린 세계 박람회에 참석한 모나코 공주 캐롤린의 남편이 터키관 구석에서 오줌을 싸다가 걸려 왕실의 드높은 명예에 오물을 튀긴 적도 있다.

침 뱉기

 하품할 때 큰 소리를 내선 안 되고, 대화 중에는 상대방의 얼굴에 침이 튀어서도 안 된다. 침을 뱉어야 할 때는 몸을 돌려 하도록 애쓰고, 동행자의 발 앞에 뱉지 않도록 주의해야 한다.

17세기 예의범절

오늘날에는 공공연하게 침을 뱉는 행위가 제한적으로만 허용된다. 예를 들어, 스포츠 경기 도중 혹사당한 신체 반응으로 침이 솟아 나올 때엔 사람들이 보는 앞에서도 침을 뱉을 수 있다. 하지만 일상적인 상황에서 침을 뱉는 것은 부적절하다. 이와 반대로, 옛날에는 침 뱉기에 특정한 의미가 있었다. 맹세할 때나 협상이 체결됐을 때

침을 뱉는 것은 주술적 행위였다. 지중해 인근 나라에서는 침을 뱉으면 악령으로부터 보호받을 수 있다고 믿었다. 우연히 마주친 누군가가 왠지 모르게 마녀일 것 같다는 느낌이 들면 자신을 방어할 요량으로 땅에 침을 뱉었다. 비슷한 풍속이 오늘날에도 미신으로도 남아 어떤 사람들은 길에서 검은 고양이가 다가오면 침을 세 번 뱉곤 한다.

하지만 옛날에는 일상적인 상황에서도 침을 뱉는데 아무런 거리낌이 없었다. 특히 중세에는 침 뱉기가 굉장히 흔했다. 제한도 별로 없었다. 식사할 땐 식탁 위나 너머로 침을 뱉어선 안 되고 식탁 아래로 타액이 향하는 것은 허용됐다. 또한, 식전에 손을 닦기 위해 준비된 대야에 침을 뱉는 것은 무례한 짓이었다.

침과 관련한 태도가 바뀌기 시작한 건 16세기 무렵이었다. 침을 뱉거나 튀기는 것에 대한 혐오감이 생겨났다. 에라스무스 폰 로테르담도 이에 대한 짧은 충고를 남겼다. "침 자국이 땅에 남았거든 다른 사람들이 보고 역겨워하지 않도록 발바닥으로 비벼서 지워라." 하지만 에라스무스는 진짜 몸이 원해서 침을 뱉어내는 것과 잘못된 습관으로 침을 뱉는 것을 확실하게 구분했다. 1729년 드 라 살도 "뱉어내야만 하는 침을 꿀꺽 삼키는 것은 적절치 못하다"며 "침을 뱉고 싶은 욕구를 억지로 참을 필요는 없다"고 말했다. 그러나 전반적으로는 상황을 막론하고 침 뱉기가 엄격하게 제한됐다. 1859년 영국의 에티켓 안내서에 나온 조언은 그 절정을 보여준다.

 침 뱉기는 어떤 상황에도 다른 사람을 불쾌하게 만드는 습관이다. 절대 해선 안 된다. 당황스럽고 역겨울 뿐 아니라 건강에도 매우 나쁘다.

제인 아스터, 《상류사회의 습관》, 1859.

의학적 지식이 늘면서 사람들 사이에선 세균에 대한 공포가 생겨났고 더불어 위생 관념도 강해졌다. 이에 방의 중앙에 놓여 있던 침을 뱉는 그릇이 20세기 초입 무렵 구석으로 밀려났고 시간이 좀 더 흐른 뒤에는 집이나 사무실 등에서 아예 자취를 감추었다. 실내에서 침을 뱉는 사람이 사라진 것은 문명화가 공동체의 욕망과 습관에 얼마나 급진적으로 침투했는가를 보여주는 명백한 사례다. 극단적인 경우, 학습과 규칙을 준수하는 것만으로도 인간의 행동은 엄청나게 변할 수 있다.

자연 욕구와 분비물

코 풀기

중세 사람들은 손가락으로 코를 풀었다. 이는 낮은 사회 계층의 습관으로 오랫동안 남아 있었다. 옛날 예법서들에 따르면 손 전체로 코를 푸는 것은 어떤 경우에도 예의에 어긋나는 일이었다. 손은 자기 입에 음식을 떠 넣을 뿐 아니라 공동접시에 담긴 요리를 더는 데 쓰이는 도구였기 때문이다. 대신 손가락을 활용하는 다양한 기법이 발명되었다. 드 라 살이 기술한 바에 따르면, 18세기에도 손 전체로 코를 푸는 것은 무례였다. 하지만 두 손가락을 이용해 코와 관련된 용무를 처리하는 것은 그저 '보기에 좋지 않을' 뿐이었다. 손가락으로 코를 푼 다음 그 콧물은 어떻게 처리했던 걸까? 1477년 캑스톤의 《예의범절에 관한 책》에서는 손가락을 셔츠에 닦으라는 가르침을 찾아볼 수 있다.

손수건은 애초부터 상류층의 지위를 드러내는 징표였다. 16세기 서민들은 손가락으로 코를 풀었고, 중류층은 소맷자락을 이용했다. 누군가 코를 훌쩍이다 손수건을 꺼내 든다면 그 사람은 부자였다. 에라스무스 폰 로테르담의 다음과 같은 지침은 코를 푸는 방식과 그 사람이 소속돼 있는 계층 간의 명백한 상관관계를 보여준다.

모자나 옷에다가 코를 닦거나 푸는 것은 생선 장수들이나 하는 습관이다. 소매나 팔로 닦는 것도 마찬가지다. 옷으로 닦는 것이나 맨손으로 닦는 것 모두 예의 바르지 못한 행동이다. 그보다는 코에 묻은 지저분한 것들을 손수건으로 닦는 것이 훨씬 훌륭한 매너다. 지체 높은 사람이 면전에 있을 때는 고개를 돌려 닦아낸다.

에라스무스 폰 로테르담,
《어린이들을 위한 예절 핸드북》, 1530.

손가락으로 코를 풀던 시절, 콧물을 들이마시는 것은 부적절한 행동이었다. 손수건을 사용하기 시작하면서부터는 당연히 손수건을 쓰는 것이 이물질을 처리하는 정갈한 방식으로 거론되었다. 하지만 거기엔 추가 조항이 달려 있었는데, 코를 풀고 난 뒤 손수건에 묻은 것을 들여다봐선 안 된다는 것이었다. 예를 들어, 델라 카사는 1558년 《예법전서》에서 이 조항을 특히 강조하여 다음과 같이 썼다.

코를 닦은 다음 수건을 펼쳐서 혹시 머릿속에 잠자던 루비나 진주가 흘러나와서 거기에 떨어지진

자연 욕구와 분비물

않았을까 하는 것처럼 들여다보는 것 또한 예의 바르지 못하다.

그로부터 2백 년이 지난 후 손수건을 올바르고 얌전하게 사용하기 위해서는 다음의 두 가지 추가 조항을 유의해야 했다. 가능한 한 조용히 코를 풀고, 다른 사람과 함께 있는 자리에선 사람이 없는 쪽으로 몸을 돌려 용무를 처리한다.

뭬, 부끄러운 줄 아세요!

오늘날에도 서너 살 무렵의 아이들까지는 공공장소에서 방귀를 뀌거나 응가를 하는 것이 불편함 없이 받아들여진다. 혹은 어른들이 적당하다고 생각하는 곳이라면, 야외에서 '쉬'를 하는 것도 괜찮다. 그러나 어른들이 같은 행동을 한다면 무례하고 미개하다는 평을 듣는다.

아이와 어른을 사회적으로 정의된 경계로 구분하는 것은 문명화의 주된 방식이다. 어른이 되어가는 과정에서 우리는 방귀를 비롯한 다른 신체의 자연적 기능을 두려움과 수치심에 연결하고 나이가 들어갈수록 그 고리는 점점 강해진다. 이는 사회로부터 주입된 것이다. 자연적 욕구와 연결된 행복감은 지극히 비밀스럽고 사적인 공간으로 밀려났다. 그리고 역겨움이나 부끄러움처럼 부정적 인식이 포함된 감정들이 자연적 욕구에 적합한 감정으로 적용된다. 하지만 아이에게는 적용되지 않았다. 아이이기 때문에 '비정상'이라던가, '병이 있다'는 판정을 받진 않는다.

요즘엔 어린아이들에게만 허용되는 행동이 중세에는 욕구를 해소하는 대표적인 방식으로 받아들여졌다. 성인을 위해 쓰인 옛날 예법서가 내용으로나 화법 면에서 오늘날 어린이를 위한 교육을 떠올리게 하는 것은 우연이 아니다. 오랫동안 아이들은 올바르게 행동해야 할 이유가 '전지전능한 신'께 있다고 배웠다. "천사들이 언제나 우리를 지켜보고 있다. 예의 바른 행동의 수호자이자 동행자인 천사들은 부끄러움을 아는 사내아이를 누구보다 반기신다." 이런 식으로 부끄러움은 '도덕적 감정'으로 아이의 내면에 자리를 잡아간다.

천사와 전지전능한 신에 대한 암시는 어린이를 사회화하는 도구로 즐겨 쓰였을 뿐 아니라, 일반 민중을 위한 정보지에도 자주 등장했다. 훗날 성인의 문명화 과정에서는 종교적 해설 외에 위생상의 논리가 덧붙여졌지만, 어린이 교육에는 반영되지 않았다. 위생에 대한 새로운 인식이 어린이 교육에서 크게 주목받지 않았다는 사실은 위생이 이성적인 이유에서라기보다는 어른들의 문화를

자연 욕구와 분비물

지배하고 있던 수치심이나 역겨움 때문이었다는 점을 알게 한다.

하지만 문명화 과정에서 바뀐 것은 비단 깨끗하게 살아야 하는 이유만이 아니었다. '일탈'에 대한 처벌 또한 옛날이 훨씬 가벼웠다. 16세기에 이미 똥에 손을 대는 것이 금지되었다. 하지만 이 규정을 위반하더라도 스스로 부끄러워하거나 미풍양속을 어겼다는 양심의 가책에 시달리는 것이 전부였다. 하지만 오늘날 그런 변태적인 행동은 즉각 병리학적인 해석을 거쳐 당사자를 '정신병원'에 격리되게 만들 수도 있다.

청결한 외모

위생이 의학적으로 얼마나 중요한지 깨달은 사람이라면, 신체 분비물을 멀리하는 것이 당연하다. 이 논리는 충분한 이유가 있지만, 이성적인 근거보다 감정적인 이유가 더 컸다.

중세 전성기에 목욕과 세안은 양심의 정화와 동일 선상에 있었다. 목욕하는 동안 마음의 때가 벗겨진다고 여겼는데, 무엇보다 죄가 씻겨 나간다고 믿었다. 물론 정반대의 주장도 적지 않았다. 한 중세 작가는 덴마크 사람들의 '꾸미기'를 비난했다. 그들이 매일 머리를 빗고 자주 옷을 갈아입으며 토요일마다 목욕을 한다는 이유에서였다. 13세기 독일 기사들의 행동규정에 따르면, 오직 '경박한' 기사들만이 목욕을 했다. 당시 목욕을 '남자답지 못한' 행위로 봤던 일각의 시각을 확인할 수 있다. 그런가 하면 목욕을 부도덕한 육체적 오락이라고 생각하는 사람들도 있었다. 이런 비난이 전혀 뜬금없는 소리는 아니다. 그 당시 기사들이 목욕하러 가는 가장 큰 이유는 청결을 유지하기 위함이 아닌 다른 데 있었기 때문이다. 훈련을 마친 기사들은 규정에 따라 어린 소녀들과 함께 목욕할 수 있었다. 그 시대를 살았던 한 시인은 탕 안에 앉은 채 구운 닭을 먹었던 경험을 열정적으로 묘사했는데, 당시 그는 혼자가 아니라 '세 명의 발가벗은 처녀들에 둘러싸여' 앉아 있었다.

기사들이 성적 동기에 이끌려 목욕을 좋아했던 반면, 일반 민중은 물을 기피했다. 13세기 프랑스의 농촌에서 자란 사람들은 목욕을 아주 가끔했다. 대신 가까운 친구 사이임을 증명하는 행동으로 서로의 몸에서 이나 벼룩을 잡아주었다. 외적인 청결보다는 내면의 정결함이 더 높이 평가되던 시대였다. 어쩌다 한 번 씻을 때도 생식기나 항문 주변은 건너뛰었다. 물이 닿는 곳은 손과 얼굴, 입 등 음식을 나누고 준비하고 맛보는 신체 부위에 한정됐다.

그래도 중세 도시에는 공중목욕탕과 사우나가 있었다. 이런 시설들은 부분적으로 매춘에 사용되었기 때문에 찾는 이가 많았다. 14세기 들어 가톨릭교회는 '죄악의 심장부'란 이유로 공중목욕탕을 폐쇄하기 시작했다. 물을 데우는 데 쓸 땔감이 부족해진 것도 한 이유였지만 무엇보다 매춘으로 매독이 확산하는 것을 막기 위해 16세기 말 무렵 공중목욕탕과 사우나가 모두 문을 닫았다.

이로부터 2백 년간 유럽에는 사회 최상류층도 개인의 청결에 큰 의미를 두지 않는 시대가 열렸다. 영국 여왕 엘리자베스 1세는 한 달에 한 번 목욕했는데, 그마저도 '필요하면 하고 아니면 건너뛰는' 식이었다. 손과 얼굴만 매일 씻으면 그만이었다. 식기가 들어옴에 따라, 사람들은 식전에 손을 씻는 것마저도 그리 중요치 않게 생각했다. 영국은 위생 관념이 대륙보다도 떨어졌다. 사람들의 머리에 이가 득실거렸지만 누구도 빡빡 씻을 생각을 하지 않았다. 17세기 영국인들은 특히 생식기 주변을 씻는 것을 권장하지 않았다. 그들은 프랑스에서 발명된 비데에도 거부 반응을 보였는데, 성기는 오직 구강성교를 통해서만 닦는 것으로 생각했기 때문이다.

의복이나 향수, 향수가 뿌려진 가발 등은 이탈리아에서 시작돼 전 유럽으로 퍼져나갔는데, 이를 활용하기 시작하면서 씻어야 할 이유는 더 줄어들었다. 프랑스 귀족들이 '씻는다'고 하면, 손만 물에 담갔다가 헹군 다음 얼굴에 향수 몇 방울을 떨어뜨리는 것을 의미했다. 속옷은 거의 갈아입지 않아서, 루이 14세의 침대에서도 벼룩이 발견될 정도였다. 불쾌한 냄새는 향수로 가리고, 얼룩은 파우더로 덮으면 되는 일이었다.

프랑스 의사 루이 사보Louis Savot는 1624년 쓴 글에서 새로운 발명품인 '세신 수건'으로 몸을 닦는 것이 목욕을 하는 것보다 더 낫고 건강하다고 주장했다. 1782년 발간된 영국의 예법서는 매일 아침 흰 수건으로만 얼굴을 닦을 것을 권했다. 물은 피하는 것이 좋다고 덧붙였는데, 피부를 너무 예민하게 만들 수 있다는 이유에서였다.

18세기에도 스웨덴 학자들은 사우나가 건강에 해롭다는 근대의 사고방식에 동의했다. 스웨덴 의사들은 일주일에 두 번씩, 여름에는 거의 매일 사우나를 하는 핀란드인의 습관에 질겁했다. 의사였던 안톤 로란드손 마틴Anton Rolandsson Martin은 1765년 발표한 연구 결과에서 아이들을 너무 자주 목욕시켜서 심각한 변비에 걸리게 하는 핀란드 부모들의 무책임함을 비난했다.

유럽인들이 개인의 청결에 주의를 기울이게 된 것은 19세기 들어서부터다. 하지만 영국은 그 속도가 좀 느렸다. 한 영국 의사는 런던 사람들이 손과 얼굴은 매일 씻지만, 몸의 다른 부위는 일 년이 지나도록 한 번도 씻지

자연 욕구와 분비물

않는다며 비난했다. 사람들은 씻어야 하는 이유를 말할 때, 육체적 건강과 정신적·도덕적 건강을 한 맥락으로 얘기했다. '건강한 육체에 건강한 정신이 깃든다'는 관용구처럼 말이다. 특히 사회 상류층은 새로운 청결 개념에 선뜻 마음을 열었다. '냄새나는 일반인'들과 차별화하기에 더없이 좋은 주제였기 때문이었다.

그러나 청결한 생활 습관이 사회적으로 확산하는 속도는 느렸다. 기존 생활 방식의 장점들이 집요하게 발목을 붙들었기 때문이다. 역사학자 알랭 코빈Alain Corbin 은 프랑스의 위생 운동이 19세기 중반까지도 배척당했던 이유를 다음과 같이 설명했다. 사람들은 목욕이 피로를 촉진하고 몸을 굼뜨게 만들뿐 아니라 자위하고 싶은 욕망을 불러일으켜 죄를 짓게 할 것을 염려했다. 신속하고 '활동적'으로 샤워를 하는 것이 '퍼질러 앉아' 목욕을 하는 것보다 훨씬 긍정적으로 평가된 것도 같은 이유에서다. 목욕의 횟수는 나이와 성별에 따라 다른 규정으로 엄격하게 제한되었다. 여자들 사이에선 물에는 소독 효과가 있기 때문에 불임을 유발한다는 속설이 떠돌기도 했다.

새로운 위생 관념을 사회 전반에 안착시킨 건 도시의 시민계층이었다. 그리고 그들이 고용한 사람들을 통해 더 낮은 계층으로 퍼져나갔다. 그래도 일반 민중들은 특정 부위 몇 곳만 씻었다. 손은 자주 씻는 편이었고, 얼굴과 치아, 적어도 앞니는 매일 닦았다. 반면 발은 한 달에 한두 번만 씻었고, 머리카락은 감지 않았다. 일반인들은 사실상 위생이란 개념을 이해하지 못했다. 사람들은 훌륭한 외모라고 하면 곱게 빗겨진 머리카락이나 샤워 코롱, 혹은 세련된 매너를 떠올렸다. 프랑스 소설가인 쥘 르나르Jules Renard가 설명하길, 19세기 유명 신사였던 라고테Ragotte에게 위생이란 수프를 점잖게 먹는다는 뜻이었다 한다.

이처럼 씻는 행위는 오랫동안 위생 관념보다는 도덕 관념과 연결된 주제였다. 그런 의미에서 '핀란드 사우나'란 단어에서 중부유럽 사람들이 아직도 유곽의 붉은 등을 떠올리는 것은 아이러니가 아닐 수 없다.

눈물과 웃음

사람들은 공개된 장소에서 눈물을 흘리는 것엔 호의를 보이지만,
혼자서 웃는 것은 꺼림칙하게 생각한다.
그 이유는 뭘까?

남자라면 연극에 관해서도 완벽하게 알아야 한다. 재미있는 장면에도 남자는 몸을 흔들며 웃어 재끼지 않는다. 더군다나 다른 모든 청중을 전율케 하는 비극이라면 눈물을 애써 집어삼킨다. 남자는 주인공이 모두 죽었을 때조차 울지 않는다. 그는 모든 것이 그저 연기일 뿐이며, 결국 여주인공은 눈부신 미소로 남자가 보낸 장미 꽃다발에 감사를 표하리라는 것을 누구보다 잘 알고 있어야 한다.

《신사들을 위한 에티켓 안내서》, 1965.

60년대 신사들을 염두에 두고 쓴 이 핀란드 예법서는 교육을 잘 받은 남자는 울거나 웃지 않으며 여타 다른 방식으로도 감정을 드러내지 않는다고 가르쳤다. 적어도 공공장소에서는 그러해야 했다. 아리스토텔레스의 주장을 돌이켜볼 때, 연극이 흔들어 깨운 감정의 고삐를 붙들고 숨기라는 충고는 도를 넘어도 한참 넘었다. 아리스토텔레스는 예술이 창조한 허구의 세계에 감정을 이입하는 것은 인간의 영혼을 정결하게 만든다며 이 효과를 '카타르시스'라 불렀다. 연극 관람자에게는 자신을 다른 사람의 자리에 놓고 그의 경험을 공유할 자격이 있다.

역사적 흐름 속에서도 19세기 무렵까지 유럽의 극장은 관중이 자신의 감정을 대놓고 드러낼 수 있는 장소였다. 가장 가격이 싼 일층의 스탠딩석에는 낮은 계층의 사람들이 모였다. 그들은 울고 웃고 술 마시고 온갖 소음을 방출했으며 비싼 칸막이 좌석에 앉은 귀족들을 향해 파렴치한 말을 쏟아냈다. 다만 무대 위로 뛰어올라 배우들을 방해하지 않았을 뿐이다. 일층에선 매춘이나 소매치기도 비일비재해서 그 자체로도 하층민들의 연극판이었다. 상황이 이렇게 되자 극장 측은 짐승처럼 날뛰는 사람들을 규제하고자 나섰다. 일단 싸움꾼은 출입이 금지되었고 바닥에 볼일을 보는 사람에게는 벌금을 물렸다. 19세기 들어서자 극장은 드디어 평온을 찾았는데, 부분적으로는 조명 기술이 발달한 덕분이었다. 조명은 관중들을 연극에 집중시켰고, 중류층 시민계급이 점차 상류층의 예의범절에 동화되어 자신들의 충동을 조절하도록 유도했다.

남들이 보는 앞에서 우는 것이 금지되었던 시대에도 눈물을 허용하는 몇 가지 상황이 있었다. 이는 비단 극장 안에 한정되지 않았고 일상에서도 우는 일이 가능했다. 그때 적용되는 규정은 한 가지, 즉 품위가 있을수록 더 많이 운다는 것이었다.

 그의 크고 튼튼한 몸은 사람들의 이목을 집중시켰다. 그는 장신에 체격도 우람했다. 그는 화술이 뛰어나고 유쾌했으며 동네 사람들에겐 조용하고 다정하게 말했다. 하지만 반역자와 고집쟁이들에겐 엄격했다. 정의롭고 신을 경외할 줄 알았으며 좋은 작품을 완성하는 데 열과 성을 다했다. 거룩하게 기도를 올릴 때는 그의 양볼이 흐르는 눈물방울로 조용히 젖어 들었다.

영국 베네딕트 교단의 수도사였던 오르데리쿠스 비탈리스Ordericus Vitalis가 이처럼 기품 있는 문장으로 형상화했던 인물은 자신이 살던 12세기의 한 기사였다. 그의 묘사 중 가장 눈에 띄는 것은 그 기사의 정서적 특성에 바치는 찬사다. 기사는 남자적인 외모를 갖고 기사로서 본연의 임무를 충실히 하면서도 자신의 감정을 자유롭게 표현하는 인물이었다. 그는 비밀스레 눈물을 흘릴 필요가 없었다. 중세에는 자신의 감정을 다른 사람에게 드러내는 일이 흔했기 때문이다. 남자들은 친구에게 배신 당했다는 것을 알아챘을 때, 주변에 개의치 않고 울음을 터뜨렸다. 크레티앵 드 트루아Chrétien de Troyes의 우화시 〈짐수레를 탄 기사〉에서는 기사 란슬롯이 무도 시합에 나가지 못하자 여인의 어깨에 기대어 눈물을 흘리는 장면이 나온다. 품위 있는 그 여인은 란슬롯의 눈물을 닦아 준 다음 그가 출전할 수 있게 도움을 주었다.

　　12세기 유명 서사시인 〈롤랑의 노래〉는 론세스바 예스 전투 도중 롤랑이 죽자 수십만의 프랑스 기사들이 '남자답게' 비통해하며 눈물을 흘렸다고 전했다. 물론 이 서사시가 눈물을 흘린 기사의 수를 말도 안 되게 부풀린 것은 사실이다. 축구팀 FC 바르셀로나의 홈구장인 캄프 누 스타디움도 아니고 피레네산맥 어귀에서 그렇게 많은 남자가 울었다니 그걸 어떻게 다 믿겠는가. 하지만 이 시 가 전하는 메시지는 분명하다. 기사들에게 울음은 숭고한 행위였다.

　　가끔은 어떤 소동이 최고조에 이르렀을 때 회한의 눈물로 대미를 장식하기도 한다. 역사상 가장 유명한 울 보는 독일의 왕, 하인리히 4세였다. 그는 1077년 카노사 성 앞에서 교황에게 용서를 간청하며 사흘 내내 울었고,

마침내 그의 눈물에 마음이 풀어진 교황은 파문을 없었던 일로 했다. 하인리히의 눈물은 그로부터 8백 년 후 '철혈 재상'으로 불렸던 비스마르크Bismarck가 "우리는 카노사로 가지 않는다"라고 선언하면서 다시 한 번 사람들의 기억에서 소환되기도 했다.

교회의 울타리 안에서 일반 민중은 좀 더 감정적이었다. 문화역사가인 요한 후이징가Johan Huizinga는 1429년 대중 설교가 리처드 신부의 일화를 전했다. 파리에서 열흘간의 연속 설교를 마치던 날, 신부가 그날이 마지막임을 알리자 "크고 작은 사람들이 진심으로 얼마나 가련한 표정을 짓던지 마치 그들의 가장 친한 친구가 무덤으로 들어가기라도 하는 것처럼 보였다"고 한다. 그리고 그들은 그 자리에서 울었다.

도미니카 수도회의 빈첸츠 페러Vinzenz Ferrer 신부는 최후의 심판, 지옥의 형벌, 예수의 고난 등에 관해 이야기 할 때마다 청중은 물론 자신도 울어 다 함께 울음바다를 만들었다. 페러 신부는 준비한 설교를 마치기 위해선 청중이 모두 안정될 때까지 한참을 기다려야 했다. 교회에서 설교를 듣던 중 참회의 마음이 찾아든 죄인은 모두가 보는 앞에서 바닥에 엎드린 채 눈물을 흘리며 자신의 죄를 고백했다. 그런데 종종 죄를 고백해도 눈물이 나오지 않는 상황이 생겼다. 중유럽에서는 그럴 경우 성직자들을 희생양으로 삼아 참회의 징표인 눈물을 대신 흘리도록 했다.

구경거리가 된 공개 처형

법 집행이 무자비하게 이뤄지던 시대의 독특한 면이라고 한다면 대중의 감정선을 자극하는 요소가 포함돼 있었다는 것이었다. 사형 집행을 보러온 사람들은 펼쳐진 상황 앞에 눈물을 흘리곤 했는데, 무엇보다 사형수가 청중 앞에서 처형을 앞둔 심정을 토로할 때 가장 많은 눈물이 쏟아졌다.

방화와 살인을 저지른 젊은 청년 하나가 우리에 갇혀 브뤼셀로 들어왔다. 그는 커다란 기둥 위에 달린 고리 아래 세워졌는데 그 아래엔 둥그렇게 세워진 장작이 불타고 있었다. 그는 스스로 대중 앞에 서서 귀감이 될 만한 감동적인 말들을 쏟아냈다. 그의 말은 사람들의 가슴을 두드렸고 모두가 동정하며 눈물을 흘렸다. 그리고 그의 마지막은 사람들이 보아온 그 어떤 것보다 더 아름다운 감동을 주었다.

눈물과 웃음

조르쥬 샤틀랭Georges Chastellain, **15세기,**

요한 후이징가의《중세의 가을》에서 발췌

어느 날은 사형을 선고받은 범법자가 그 자리에 모인 사람들의 감동을 짜내기 위해 온갖 수단을 동원한 통에 형 집행이 흥미롭게 흘러간 적도 있다. 1411년 사형을 앞둔 한 지체 높은 신사는 사형 집행인으로부터 당신을 사형하게 돼 유감이란 사과를 받아냈을 뿐 아니라 그에게 키스를 요구하기까지 했다. 그 모습을 본 관중들은 모두 눈물을 흘렸다. 16세기를 배경으로 한 미카 발타리Mika Waltari의 소설《핀란드의 미카엘》에 등장하는 사형 장면에서는 사형수가 대중을 향해 몸을 돌려 마지막 인사를 하기 위한 적당한 단어를 고른다. 마치 모두에게 그가 얼마나 훌륭한 교육을 받았는지 증명하려는 것처럼.

 "사랑하는 시민들과 아름다운 숙녀 여러분, 안녕히 계십시오! 오늘 바람에 흩날리는 것처럼 가벼운 발짓으로 내 마지막 춤을 추게 돼 기쁩니다. 나는 십자가에 매달려 속죄양이 되신 우리 예수 그리스도의 약속에 따라 낙원에서 먼저 가 있는 내 형제들을 따를 것입니다. 나는 여기 계신 신부님께 감사드립니다. 신부님 덕분에 영생의 소망이 강해졌습니다. 내 목에 걸리게 될 올가미를 만드신 장인의 멋진 손놀림에도 감사를 드립니다. 더불어 내가 가난하고 불행하여 그가 들인 노동에 합당한 수고비를 드리지 못하는 것을 유감으로 생각합니다. 안녕, 나의 아름다운 나라여. 안녕, 이 땅의 공기와 하늘의 구름이여. 나는 내 머리에서 아름다운 두 눈을 쪼아 먹게 될 나의 형제 까마귀들에게 환영의 인사를 보냅니다."

일반인들에게 공개 처형은 굉장한 구경거리였다. 그 드라마틱한 광경을 사람들은 눈물을 흘리며 지켜봤다. 반면, 사람들이 모여 사형수가 연극배우처럼 나타나 늘어놓는 생생한 웅변을 듣는 것이 행정가들에게는 전혀 다른 효과를 안겨줬다. 권력자 입장에서 공개 처형이 민중을 통제하는 유익한 수단이 된 것이다. 사람들을 위축시키는 사형의 효과는 깨지기 쉬운 사회 질서를 안정적으로 유지하는 데 도움이 되었다.

성 안에서도 눈물이 때때로 유용한 도구로 쓰였다. 진심에서 우러나온 것인지 아닌지는 크게 중요치 않았다. 백년전쟁 당시 부르고뉴 공작이었던 필리프 3세를 회유하기 위해 프랑스 왕이 파견한 특사는 항상 눈물을 흘렸다. 젊은 공작이 송별회를 열어주면 모두가 들으라는 듯 소리를 내어가며 울었다. 부르고뉴 궁에 묵은 루이 11세도 몇 번이고 눈물을 흘렸다. 부르고뉴와 프랑스, 잉글랜드가 아라스에서 연 평화회의에 파견된 특사들이 감동적인 발언을 하면 청중들은 말없이 바닥을 내려다보며 코를 훌쩍이고 흐느끼다가 결국은 엉엉 울어버렸다.

옛날엔 이처럼 다른 사람 앞에서 운다고 해서 난처할 게 없었다. 오히려 그 반대였다. 울 수 있는 능력은 연민과 품위의 증거였다. 무엇보다 사람들은 지체가 높은 사람일수록 감정이 풍부해야 한다고 믿었다. 눈물이야말로 엘리트 계층이 '감정적일 수 있는 특권'을 눈에 보이게 드러낼 수 있는 도구였다. 당시를 지배하던 사고방식은 이 특권은 타고 나는 것이었다. 일반인들의 땀이나 짐승들의 배설물과 다르게 눈물은 귀족계층의 감수성을 나타내는 정결한 분비물로 대접받았다.

눈물의 퇴장

18세기까지는, 예컨대 감동적인 책을 함께 읽는 낭독회나 극장에서 눈물을 흘리는 일이 아무 문제 없이 받아들여졌다. 프리드리히 실러Friedrich Schiller의 《군도》가 최초 공연을 마치자, 관중들은 일제히 열띤 환호를 보내는 동시에 서로의 팔에 얼굴을 묻고 흐느꼈다. 1774년 괴테의 소설《젊은 베르테르의 슬픔》의 1인칭 화자 베르테르 역시 거의 매 장면에서 눈물을 흘린다. 하지만 모범과 유행은 변하기 마련이다. 개신교 윤리와 시민의 신분 상승은 공공연한 감정 노출을 차츰 억제해 나갔다. 문명화된 인간은 자신의 감정을 밖으로 드러내지 않으며, 야만인 혹은 미개한 민중이나 감정을 드러내는 것처럼 생각됐다. 초기엔 그나마 극장에서는 감정 표현이 허용되었고, 일상에선 더 이상 받아들여지지 않았다. 17세기 잉글랜드와 독일의 교육 지침서는 과도한 감수성을 자제하라고 가르쳤다. 눈물과 감정은 인간이 항상 사용해야 하는 이성을 혼란스럽게 만든다는 것이 이유였다. 이른바 '이성의 시대'라고 불렸던 계몽기가 도래하였음을 알리는 신호였다.

계몽학자 존 로크John Locke는 자녀 양육에 관한 글에서 부모들에게 아이의 눈물을 억제하라고 가르쳤다.

사랑스러운 아이들은 그렇게 투쟁하여 모든 것을 다 가지려 들 것이다. (⋯) 이런 식으로 부모가 응석과 고집을 받아준다면 아이의 자연적 원동력이 망가지고 만다.

존 로크,《교육에 관한 성찰》, 1693.

　　　　　　　　　　　눈물과 웃음

애당초 로크는 이 책을 아들 교육에 관한 조언을 구하는 친구를 위해 썼다. 이 철학자는 어린아이의 감정에 전혀 공감하지 않았다. 대신 아이들이 느슨해지지 않도록 강하게 단련해야 한다고 다소 강압적으로 주장했다. 로크는 중세시대의 전형이었던 감정의 공개적 노출을 용납지 않았다. 인간은 자연적 성향과 충동을 억제하고 이성의 목소리에 귀를 기울여야 한다는 것이 그의 생각이었다. 그렇지 않으면 성인이 된 다음에도 충동과 욕망의 지배 아래 삶이 붙들려 있을 것이었다.

 사내아이가 포도나 과자를 먹으려 할 때 혹은 그런 것에 관심을 보일 때는, 고 앙증맞은 것이 오랫동안 소리를 지르거나 짜증을 부려도 그냥 내버려 두어야 해. 어릴 때 포도주나 음식에 대한 충동에 휘둘린다면, 어른이 된 후에도 충분히 그렇게 될 소지가 있지 않은가? (…) 사람이 욕망을 갖는 것은 흠이 아니지만, (…) 이성의 규제와 제한 아래 굴복한다는 것이 문제야.

로크의 사고방식은 17세기 말 잉글랜드의 도덕적 가치관을 일목요연하게 보여준다. 육체는 이성에 의해 통제되어야 마땅하다는 새로운 태도가 그 무렵 사람들의 머릿속에 자리잡아 갔다. 그의 책은 유럽의 다른 나라에도 영향을 미쳤고, 18세기 들어서 로크는 교육계의 거장으로 추앙받았다.

18세기 프랑스에서 가족이나 친지의 장례 후 애도 기간을 보내는 풍습은 감정 생활과 관련해 늘어난 규제를 확인할 실마리가 된다. 남편이 죽은 시민계급 여자의 애도 기간은 슬픔에 집중하는 것에서부터 시작하는데, 파리에서는 4개월 반, 농촌에서는 6개월 정도 걸린다. 이 기간에 아내는 면으로 된 검은 옷을 입고, 장신구를 차거나 향수를 뿌리지 않으며, 머리카락을 땋아 늘어뜨려서도 안 된다. 하지만 그 기간이 지나 넘어가면, 좀 더 가벼운 소재의 검은 옷을 입을 수 있고 옷에 달린 장신구 정도는 착용이 허용되었다. 그리고 이후 3개월 동안은 밝은 옷을 입을 수 있고 화려한 보석도 착용할 수 있었다.

역사학자 안느 마르탱-퓌지에Anne Martin-Fugier는 프랑스 시민계급의 풍습을 연구했는데, 19세기에 들어선 애도 기간이 좀 더 길어지긴 했으나 근본적 '코드'는 대동소이하다는 것을 확인했다. 또한 계급사회의 다른 예의범절처럼 장례 의식도 계급 간에 서로 다른 풍습이 유지되었다.

1840년부터 1861년까지 프로이센을 다스린 프리드리히 빌헬름 4세는 로맨스 문학을 즐겨 읽으며 줄기차게 눈물을 흘린 것으로 유명하다. 그런데 당시 독일 만화에서 왕의 여린 감수성은 감정적이고 남자적이지 못한 특성으로 묘사됐다. 낭만주의 시대가 이미 흘러가버렸음을 확인할 수 있는 증거다. 시대는 바야흐로 식민통치가 불러온 민족주의의 지배 아래 놓였으며 무엇보다 힘과 원칙이 중요하게 여겨졌다. 좋은 가문의 신사들은 언제나 입에 담배를 물고 제복을 즐겨 입으며 감정을 밖으로 드러내기를 극도로 꺼렸다.

19세기 영국과 프랑스, 독일 학교의 교육 방침에는 성별 간 엄격한 차별이 강조되었다. 여자는 부드러움, 순수함, 덕스러움, 강한 모성애의 상징이었다. 영국의 브리타니아와 프랑스의 마리안느, 독일의 게르마니아 등 각국은 저마다의 대표 여성상을 제시했다. 반면, 사내아이를 교육할 때에는 감정 표현을 자제하는 데 중점을 두었다. 대신 남성성, 활동성, 명예, 강인함 등이 사내아이가 갖추어야 할 품성의 우선순위에 놓였다.

19세기 말이 되자 감정 표현을 신경질환의 일부로 보는 시각이 생겨났다. 눈물은 의학적, 심리학적 현상으로 해석되었고, 영국의 건강관리국은 '과도한' 감정 표현을 부자연스럽고 히스테리적인 상태로 분류했다.

오늘날 사람들은 다시금 우는 일에 용기를 내어보려 하지만 그래도 공공연한 '집단 울음'은 여전히 낯선 주제다. 1994년 여름, 북한을 장기 통치했던 김일성이 사망하자 북한은 집단 애도에 들어갔다. 그리고 TV를 통해 전 세계로 퍼져나간 장례식 장면은 서구 사람들을 어리둥절하게 만들었다. 길가에 늘어선 사람들은 카메라 따위는 의식하지도 않고 끊임없이 통곡했다. 어떤 사람들은 머리카락을 쥐어뜯었고, 어떤 이들은 장례 행렬에 합류하고 싶어서 인파가 쏟아져 나오는 것을 막기 위해 설치된 방어벽을 넘어보려 애썼다. 전체주의 국가가 국민들에게 주입한 개인숭배 탓일까? 그럴 수도 있다. 하지만 근대 초만 해도 유럽 전역에서 이와 비슷한 격정적인 장면을 흔히 볼 수 있었다.

오늘날 서구에서도 다른 사람들이 보는 앞에서 일반인이 우는 장면을 보여주는 공식적인 상황이 있다. 바로 TV다. 사람들이 감정을 노골적으로 표현하는 것도 모자라 울음까지 터뜨리는 장면을 집중적으로 보여주는 리얼리티 프로그램이다.

많은 사람이 서로 경쟁하는 형식의 서바이벌 쇼에서 결승까지 올라갔다가 우승을 놓친 2등의 눈에선 여지없이 눈물이 쏟아진다. 톱모델을 뽑는 쇼에서 2등을 한 아름다운 젊은 여자가 울고, 생존 게임에 출전한 우람한 남자들이 다른 팀에 밀려 이국적인 섬에서 쫓겨나게 됐다는 소식에 어깨까지 들썩이며 운다.

간혹 감수성이 예민한 시청자는 TV가 감정을 건드리면 함께 눈물을 흘린다. 하지만 이런 장면 대부분은 세심하게 연출된 연극에 불과하다. 격정이 최고조에 달한 장면의 녹화 분량 전체를 편집 없이 다시 보면 방송과는 전혀 다른 상황인 경우가 적지 않다. 리얼리티 쇼의 출연자가 눈물을 흘려야 하는 상황에서 눈물이 나오지 않을 때는 연극이나 영화 촬영에 사용하는 박하나무 가지를 빌려와 눈을 맵게 만들어 악어의 눈물을 짜낸다는 소문도 들린다.

웃음의 잔인함에 대하여

바보같이 웃어선 안 된다. 무례하거나 꼴사납게 웃어도 안 된다. 웃을 필요가 없는데 습관적으로 웃어도 안 된다. 더불어 나는 너희들에게 자기 자신의 농담에 웃지 말 것을 당부한다. 그것은 일종의 자화자찬이다. 웃어야 할 사람은 농담을 하는 사람이 아니라 듣는 사람이어야 한다.

지오바니 델라 카사, 《예법전서》, 1558.

걸을 때 팔을 이리저리 흔드는 것, 길에서 음식을 먹는 것, 우산 손잡이를 입으로 빠는 것, 군중 사이를 거칠게 뚫고 지나가는 것, 길에서 크고 소란스럽게 얘기하거나 웃는 것, 공식적인 모임에서 귓속말을 하는 것. 여자의 이런 행동은 교육을 잘못 받았다는 증거다.

토마스 E. 힐 Thomas E. Hill, **1873.**

중세 사람들은 델라 카사의 예법서와 힐 교수의 조언을 이해하지 못했을 것이다. 중세엔 이런 충고를 따르는 사람을 유머가 없다고 생각했다. 러시아 철학자인 미하일 바흐찐Michail Bachtin은 중세의 세계관에 대한 연구에서 당시 민중 사이에는 유머와 패러디가 매우 중요한 기능을 담당했다는 사실을 확인했다. '그로테스크하고 카니발적인 웃음'은 시장에서뿐 아니라 교회에서도 크게 울려 퍼졌다.

중세에는 도시마다 일 년에 석 달씩 카니발 축제를 열었다. 축제는 중세인의 삶에서 큰 비중을 차지했다. 카니발 동안에는 세상이 뒤집어졌다. 무엇이나 웃음거리로 만들어도 용납됐다. 부활절 예배를 드리는 교회 안도 웃음으로 가득했다. 목사가 농담을 했기 때문이다. 이 '부활절 폭소'는 생명력 넘치는 거듭남의 상징이었다. '주정뱅이들의 예배' 혹은 '노름꾼들의 예배'처럼 패러디성 예배들도 기획되었다. 그리고 그리스도의 죽음을 기념하기 위해 거나한 연회와 끝없는 술판이 벌어졌다.

축일에는 광장과 거리가 춤을 추는 사람들과 광대들로 가득 찼다. 광대들은 주로 가톨릭 주교로 변장했는데, 주교의 모자를 팬티처럼 입고 나왔다. 모두가 술에 얼큰하게 취했다. 다양한 인간 군상을 패러디하는 데 있어서, 사람들의 신체 기능과 배설물은 '카니발적 웃음'을 자아내는 주재료였다. 농담은 언제나 술과 폭식, 성교와 성기, 대변과 소변 등을 소재로 시작되었다.

중세의 유머 감각을 보여주는 좋은 예로 시인 단테와 궁정 광대 고넬라의 만남에 대한 재미있는 일화가 있다. 궁에서 열린 연회에 초대받은 사람들은 짝을 지은 다음 자기 짝의 명령을 한 가지씩 들어주는 게임을 했다. 고넬라는 짝이 된 단테에게 모자를 벗으라고 명령했다. 그리고 그가 모자를 벗자 자기 바지를 홀랑 벗어 던진 다음 단테의 모자를 요강으로 사용했고 그 모습을 바라본 다른 사람들은 모두 배꼽을 잡고 넘어갔다. 이 모습을 그저 조용히 지켜보던 단테는 자신의 차례가 되자 고넬라에게 명령했다. "그 모자를 다시 쓰게."

거칠고 평범한 유머의 세계는 귀족들은 물론 일반 민중의 마음마저 사로잡았다. 1571년 동시대인의 증언에 따르면, 누군가가 '부끄러운 신체 일부'나 볼기를 실수로 드러내면 모두가 여지없이 웃음보를 터뜨렸다고 한다. 누군가 갑자기 옆 사람의 아랫도리를 벗기고 뜨겁게 달군 쇠꼬챙이로 찌르는 경우도 있었는데, 화상을 입은 피해자는 아랑곳하지 않고 다른 사람들은 배꼽을 잡고 웃었다.

성을 주제로 한 이중적 의미의 유머도 사람들의 사랑을 받았다. 하물며 설교나 유명한 종교적 원전도 비너스, 음경, 애인 등의 단어를 집어넣어 다른 의미로 바꾸어 놓았다.

사람들의 웃음 포인트는 시대에 따라 매우 다르다. 아리스토텔레스는 상처를 주거나 손해를 입히지 않는 '악의 없는 추함'이 웃기다고 생각했다. 철학자 토마스 홉스Thomas Hobbes는 다른 사람의 약점이 우리의 장점을 선명하게 드러낼 때 웃고자 하는 욕망이 생겨난다고 주장했다. '악의 없는 추함'이나 '다른 사람의 약점'은 웃음거리가 될 수 있다. 하지만 과연 무엇이 '악의 없는 추함'이며 무엇이 '다른 사람의 약점'이냐 하는 것은 또 다른 문제다.

중세의 웃음은 투박하고 잔인했다. 사람들은 지능이 좀 떨어지거나 정상 기준에 못 미치거나 하위계층에 속하는 사람들을 보고 웃었다. 예를 들어, 연대기 작가인 피에르 드 페닌Pierre de Fenin은 어떤 강도의 살인에 대한 보고서를 다음과 같이 마무리했다. "그 일은 사람들에게 큰 웃음을 주었다. 그 일에 거론되는 사람들이 하나같이 가난뱅이들이었기 때문이다."

풍자 시인은 농부를 두고 다음과 같은 잔인한 기도문을 지어내기도 했다. "교회 안의 사람과 농부를 구별하여 지으신 전능하신 하나님, 그들이 일한 것으로 우리를 먹이시고 그들의 아내와 딸을 우리가 갖고 놀게 하시며 그들의 고통을 우리의 기쁨으로 만드소서." 문화역사가인 야코프 부르크하르트Jacob Burckhardt가 쓴 바에 따르면 "오만방자함과 졸렬한 거짓말, 불경한 신성 모독과 음란함이 종종 농담의 자리를 차지했다." 카니발 기간 중 사람들은 자주 변장을 했고 그 덕분에 모든 통제에서 벗어날 수 있었다. 가면 아래에 얼굴을 숨기면 행인에게 욕을 하거나 이웃을 비방하거나 음흉한 소문을 퍼뜨리는 일이 한결 쉬웠다.

때로는 비난이나 모욕, 조롱 등이 공개 형벌의 일부에 포함되기도 했다. 공동체가 마음에 들지 않는 개인에게 가하는 형벌 중 하나였다. 이러한 현상은 유럽 중남부 전역에서 나타났다. 그 공동체의 구성원 모두가 참여하여 누군가를 공개적으로 모욕하는 것이 일반적이었다. 책망을 당하는 이유는 대부분 사생활에서 비롯됐다. 불륜남은 이 형벌을 받는 대표적 인물이었다. 부인에게 꼼짝 못하는 남편도 자주 이 벌의 대상이 되었다. 예를 들어,

어떤 남편이 부인에게 얻어맞았다고 하면 사람들은 그를 노새의 등에 거꾸로 묶었다. 고삐를 잡듯 노새의 꼬리에 손이 묶인 남편은 가락이 맞지 않는 소란스러운 음악이 울리는 가운데 모두의 비웃음과 손가락질을 받으며 도시한 중간을 달려야 했다. 당시에는 법정에서도 남자들에게이러한 공개 형벌을 선고했다.

물론 사회적 소수자들도 이 공세를 피하진 못했다. 카니발 기간 중 로마의 유대인들은 도시 곳곳에서 사냥을 당했다. 같은 도시에 사는 비유대인들은 그들의 뒤꽁무니를 쫓으며 진흙을 던졌다. 당시에는 공개 처형도 카니발 행사의 일종이었다.

15세기 벨기에와 프랑스 국경 지역 도시 몽스의 주민들은 돈을 모아 강도 한 명을 보석으로 꺼냈다. 그의 사지를 찢어 죽이는 즐거움을 맛보기 위해서였다. 동시대인의 증언에 따르면, 민중들은 이 사건을 너무 즐거워한나머지 "마치 죽은 예수가 다시 깨어난 것보다 더 기뻐했다"고 한다. 벨기에 도시 브뤼헤의 주민들은 한 고위관리가 반역 혐의로 고문을 당하는 것을 흥미롭게 구경하기도했다. 관중들은 고문을 당하는 사람이 사형에 처해지는 것을 최대한 늦추고자 했는데, 이는 고통받는 모습을 계속구경하고 싶었기 때문이다.

다른 사람의 불행을 보며 웃는 것은 궁정 광대의

전통에서도 드러난다. 규정상 궁정 광대는 난쟁이나 정신이상자 혹은 다른 어떤 방면에서 비정상적으로 판명된 사람이었다. 르네상스 시대 피렌체의 군주 로렌조 드 메디치Lorenzo de' Medici의 광대였던 프라 마리아노Fra Mariano는 타고난 익살과 함께 괴이한 식성으로 잘 알려져 있다. 그는 살아 있는 닭을 응접실으로 갖고 와 식탁 위에서 잡아죽였다. 그러고선 그 피를 온몸에 발랐다. 식사 중에는 다른 광대들을 불러다 격투를 시켰는데, 그들은 식기를 무기로 싸워야 했다.

광대들은 일반적으로 미친 사람 취급을 받았다. 그리고 미쳤기 때문에 하고자 하는 말을 다 내뱉고도 살아남을 수 있었다. 광대들은 일종의 심신 상실의 상태로 여겨졌다. 정신이상자는 모욕과 비웃음을 사긴 했어도 공동체에서 내쳐지진 않았다. 어떤 광대들은 교육을 받고 똑똑했지만, 실제로 정신병에 걸린 광대들도 있었다. 당시 중세 사람들은 정신병에 별 다른 선입견이 없었다. 수용시설이 없었으므로 어디서나 미친 사람들을 만날 수 있었기 때문이다. 정신병자들은 전문 광대가 되어 귀족들의 성 안에 살며 오락을 담당했다. 귀족들이 미친놈들을 고용했던 셈이다.

하지만 아무리 군주의 총애를 받는 광대라도 까부는 데 한계가 있었다. 공식적으로 기록된 프랑스의 마지막 광대는 경솔하고 무례한 행실 탓에 파면되었다. 그는 태양왕 루이 14세 의자 뒤에 앉아 초대받은 손님들을 조롱하는 버릇이 있었다. 심술궂은 광대는 자신이 솔깃해할 만한 이야기를 하지 못하는 손님들을 대놓고 비웃다가 결국 궁에서 쫓겨나고 말았다.

웃음의 이중성

거친 장난과 악행은 17세기부터 점점 줄어들었다. 전반적인 '문명화 과정'의 맥락이기도 했지만, 무엇보다 사회 개혁이 행실을 바로잡았다. 그 이후부터는 정신병자나 빈자, 범법자와 실업자는 특수계층으로 분류되어 소외되었다.

웃음 역시 '도덕적으로' 통제되기 시작했다. 독일과 영국의 경건주의자들은 세속적 기쁨과 오락을 포기하도록 강요받았다. 야유회와 게임, 희극과 조롱 등이 모두 정죄의 대상이 되었다.

체스터필드의 백작이자 아들에게 4백 통의 편지를 쓴 것으로 유명한 필립 스탠호프Philip Stanhope는 다른 사람이 보는 앞에서 웃는 행위를 정면으로 비난했다. 1748년에 쓴 편지에서 그는 즐거움의 표현은 소극적으로 해야 한다고 강조했다.

간절히 바라건대, 다른 사람이 간혹 너의 미소를 볼 수는 있어도 네 웃음소리를 듣게 하는 일은 네 평생에 절대 없기를. 잦고 큰 웃음은 우둔함과 나쁜 매너의 상징이다. 천민들은 단순한 것을 두고 단순한 기쁨을 표현하는데, 그런 행태를 두고 즐거움이라 부른다. 시끄럽게 웃는 것보다 더 품위 없고 조야한 행실이 없다는 것이 내 견해다. 나는 어둡거나 심사가 꼬인 사람이 아니다. 나는 다른 누구보다 친절하고 야무지며 재미있는 사람이다. 하지만 확신하건대, 내가 이성적으로 행동하기 시작한 무렵부터 지금까지 내 웃음소리를 들은 사람은 아무도 없다.

영국의 왕실은 즐거움을 중요시하는 중세의 전통을 지키고 경건주의자들의 엄격한 도덕 관념이 들어오지 못하게 모든 수단을 다해 방어했다. 대중이 즐길 수 있는 오락의 수를 늘리라고 명령하기까지 했다. 이 명령을 위반하는 자는 중벌에 처했다. 그러나 이런 엄포가 청교도들에겐 별로 먹혀들지 않았다. 청교도 정신은 북유럽 풍속에 여전히 유효하게 남았다. 그들은 스포츠 등의 오락을 미심쩍게 생각했다. 그들은 즐거움이 공명심과 본능적 충동을 불러일으킨다고 여겼다. 그리고 스포츠나 주점 출입 같은 자극적인 행위를 금욕 생활의 적으로 봤다. 청교도뿐 아니라 일반인이 읽는 예법서에도 불필요한 웃음이나 남의 고통을 보면서 느끼는 기쁨은 배격해야 한다는 가르침을 찾을 수 있다.

 비난받거나 처벌받는 사람을 앞에 두고 웃을 때, 웃는 자의 악한 성격이 드러난다.

안투앙 드 쿠르탱, 《예법신서》, 1671.

인용한 문장이 보여주듯, 17세기 후반 무렵부터 유머로 인정되는 범위가 이전과 비교해 확연하게 좁아졌다. 아무것이나 패러디하던 시대는 지났다. 비도덕적이고 타락한 사람이나 줄기차게 웃어대는 법이었다. 사회 엘리트 계층은 대중의 유머를 저속하거나 당황스러운 대상으로 받아들이기 시작했다.

18세기 들어 새로운 행동 기준이 생겨나기 시작했지만, 도를 넘은 농담과 상스러운 짓들이 근절된 것은 아니었다. 예를 들어, 러시아의 표트르 대제는 난쟁이나 곱사등이, 정신이상자 등을 조롱거리로 삼는 오락을 장려했다. 프랑스에서는 동물을 희생양으로 삼아 오락을 즐겼다. 1730년 프랑스의 노동자들이 어떤 상인의 부인이 키우던 고양이들을 죽이자 많은 사람이 환호하며 폭소를 터뜨렸다. 그러고선 그 주변의 모든 고양이를 잡아다가 사형을 '선고'하고선 목을 졸라 죽여 버렸다. 노동자들에 의해 벌어진 고양이 집단 학살 사건은 많은 사람의 입을 통해 즐겁게 회자되었고 수많은 만화의 소재로 활용되었다.

오늘날엔 이런 식의 잔인한 행동에서 재미를 발견하는 사람은 아무도 없다. 오히려 반감을 느낀다. 그렇다면 18세기 사람들은 어떻게 그런 짓을 보면서 웃을 수 있었을까? 고양이는 시민 계급이 키우는 반려동물의 전형이었고 당연히 노동자들은 이 동물에게 아무런 사랑을 느끼지 못했기 때문이다. 여기에 오래된 카니발의 전통도 한몫했다. 고양이를 상대로 무자비함과 잔인함을 표출하는 역사는 중세부터 시작됐는데, 당시엔 고양이를 산 채로 화형에 처하기까지 했다. 중세엔 동물을 괴롭히는 것이 오락거리로 여겨졌다. 종교 개혁의 시대 영국에서는 고양이의 털을 모두 민 다음 가톨릭 신부의 옷을 입혀서 교수형에 처하는 의식도 있었다.

옛날에는 동물이나 정상인의 기준에 미달하는 사람, 다른 사회계층, 다른 종교의 신도 등 절대 자신과 동일시할 수 없는 대상을 웃음의 원천으로 삼았다. 프랑스 혁명 당시 사람들은 귀족 관료들을 사형에 처하는 장면을 보며 웃었다. 18, 19세기 영국 사람들은 거인이나 난쟁이를 웃음거리로 삼았다. 키가 작은 것을 '비참하고 웃긴 체형'이라고 표현한 당시의 광고 문구가 그 증거다. 19세기 영국 시장에는 아프리카인들을 전시하기도 했다. 이 '검은 미개인'들은 시장 내 중앙광장으로 끌려와 날고기를 뜯어먹고 전사의 춤을 추도록 강요받았다. 이를 보며 터지는 폭소는 문명과 비문명 간의 격차 혹은 유럽과 아프리카 문화 간의 차이를 확인한 데에서 비롯된 것이었다.

남의 고통을 보며 느끼는 기쁨과 궁정 광대의 전통은 서커스란 제도를 통해 민중을 위한 오락으로 살아남았다. 20세기 중반까지 서커스에는 온갖 비정상적 개체들이 총출동했다. 세상에서 가장 뚱뚱한 사람부터 다리가 세 개인 남자, 수염 난 여자까지. 오늘날엔 그들을 대중의 구경거리로 내세우는 것이 비도덕적으로 여겨진다. 하지만 TV 프로그램에서는 여전히 성업 중이다. 수많은 형식의 리얼리티 프로그램은 멀쩡한 사람들이 바보 같은 짓을 하는 일상을 보여주며 웃음거리로 삼는다. 이런 형식 중 어떤 것들은 경쟁이라는 원칙을 내세워 참가자들에게 위험하고 고통스러운 임무를 강요한다. 여기서 터져나오는 시청자들의 웃음은 분명히 잔인하다.

소설가 살만 루슈디Salman Rushdie는 21세기 초부터 시작된 몇몇 리얼리티 프로그램을 보면서 다음과 같

눈물과 웃음

이 결론 내렸다. "도덕적으로 문제 삼을 것이 많은 서바이벌 프로그램은 좋다. 사기꾼이 되는 데 '좋고', 사악해지는 데 '좋다'." 그의 이러한 고찰은 그렇다면 우리는 언제쯤 이 리얼리티 프로그램의 죽음을 목격할 수 있을 것인가라는 질문으로 이어진다. 하지만 리얼리티 쇼의 승승장구는 계속되고 있다. 참여를 열망하는 새로운 후보자들로 대기자 리스트는 항상 칸이 모자란다. 미국의 아티스트 앤디 워홀 Andy Warhol은 60년대에 이미 다음과 같은 예언을 한 바 있다. 미래에는 누구나 15분씩은 유명세를 누릴 수 있을 것이라고. 그런데 요즘엔 15초만으로도 충분할 것 같다.

웃음과 광기

어찌하여 웃음처럼 즐거운 행위가 문명화되지 못한 것이라는 오해를 사게 되었을까? 이는 웃음이 본질적으로는 동물의 행태이자 자극적인 제스처기 때문이다. 또한 웃음은 즉흥적인 감정의 일부이므로 '문명화된' 인간이라면 그것을 다루는 요령을 알고 있어야 마땅하다고 여겨졌다.
　　웃음은 치아를 드러내는 표정이므로 상대를 두렵게 만들 수 있다. 옛날에는 치아를 보이는 것이 폭력이고 위협의 도구였다. 그래서 에라스무스 폰 로테르담은 예법서를 통해 자제된 웃음의 필요성을 강조했다. 웃는 것 자체는 허용했지만, 너무 크게 웃거나 입을 활짝 벌리고 웃는 것은 허용되지 않았다. 에라스무스는 이런 '잔인한' 웃음이 보기에 좋지 않다고 생각했다. 이빨을 드러내는 것은 개들의 습성이었다. 그는 사람이 자신의 웃음을 통제할 수 없을 때는 차라리 얼굴을 가리라고 조언했다.

 하지만 얼굴은 유쾌함을 표현하면서도 입을 일그러뜨리거나 해이한 기분을 드러내진 말아야 한다. "웃음이 새어 나왔다", "웃음이 터져 나왔다", "웃겨서 죽을 뻔했다" 등과 같은 말은 멍청이에게나 허락된다. 만약 너무 재미있는 일이 일어나서 웃음을 참을 수 없는 지경이 되면 너의 얼굴을 냅킨이나 손으로 가리는 것을 잊지 마라.

에라스무스 폰 로테르담,
《어린이들의 위한 예절 핸드북》, 1530.

 너의 지위가 높을수록 더 겸손하고 절제되게 행동해야 한다. 너무 자주 웃지 말라. 사람들은 웃는 것을 보고 미치광이를 판별한다.

람베스 궁전 도서관의 글, 1350년 경.

눈물과 웃음

웃음 속에는 섬뜩한 무언가가 들어 있기 때문에 웃음은 광기와 직결된다. 누군가가 버스에 혼자 앉아서 울고 있으면 사람들은 그저 그 사람이 슬픈 일이 있겠거니 한다. 반면, 누군가 혼자서 웃고 있으면 사람들은 당장 그가 미친 게 아닐까 의심하고 본다. 웃음은 오직 다른 사람과의 관계 안에서만 허용되는 것이다. 에라스무스는 공공장소에서 혼자 웃는 것은 미치광이의 전형적인 행동이라며 명확한 견해를 밝혔다. 만약 갑자기 일어난 일이라면 그는 다른 사람들에게 자신이 웃은 이유를 해명해야만 한다. 이후 프랑스 철학자 앙리 베르그손Henri Bergson도 웃음의 사회적 성격을 강조했다.

 즉흥적으로 보이는 웃음의 이면에는 언제나 일종의 비밀스러운 유대감이 숨어 있다. 심지어 함께 웃는 사람과 공모했다고 말할 수도 있다. 그것이 실제 웃음이든, 웃는 상상을 한 것이든 간에. (…) 웃음을 이해하기 위해서 우리는 웃음을 본래의 환경으로, 즉 사회 안으로 되돌려 놓을 필요가 있다.

다른 사람의 말에 웃는다는 것은 일반적으로 동의의 표시다. 웃음은 전염되는데, 간접적으로 옮겨질 때도 있다. 웃음의 대중적 힘은 미국 예능 프로그램에 웃음소리가 더빙된 데서도 발견할 수 있다. 스튜디오에 모인 방청객들의 임무는 웃는 것이다. 그들이 웃으면 자기 집 소파에서 그 프로그램을 보던 시청자들도 함께 웃는다. 하지만 방청객들이 잘못된 순간에 혹은 잘못된 방식으로 웃을 수도 있으므로 50년대에는 따로 녹음된 웃음을 프로그램에 입혔다. 소위 '웃음 트랙'을 최종 편집 때 추가한 것이다.

웃음은 일종의 공동체 감정을 유발하기도 하지만, 동시에 공격적인 분위기를 조성하기도 한다. 웃음은 친구 사이를 끈끈하게 맺어주기도 하지만, 다른 친구를 선 밖으로 밀어내기도 한다. 누군가 다른 사람과 같은 것을 보고도 웃지 못한다면 그는 스스로 아웃사이더라고 느끼게 된다. 누군가 어떤 사람을 보며 기분 나쁘게 웃는다면 즉각 적대적인 반응이 돌아온다. 하지만 웃는 사람 스스로는 거의 공격적이지 않다. 비교행동학자 콘래드 로렌츠 Konrad Lorenz는 이렇게 말했다. "짖는 개는 간혹 물 수 있지만, 웃는 사람은 절대 쏘지 않는다."

눈물과 웃음

공격성

무리가 커질수록 공개적인 적대 행위를 방지하기 위한
규칙이 절실해졌다.

체벌 말고는 정신 차리게 할 도리가 없는 남자들
이 있다. 그리고 살다보면 어느 순간 그런 남자들
을 다뤄야 할 때가 생긴다. 한 숙녀가 거친 뱃사
람이나 상스러운 마부에게 모욕과 괴롭힘을 당하
고 있다. 주먹 한 방 잘 날리면 모든 상황이 해결
될 것이다. 분명 심각한 상황임이 틀림없지만, 그
래도 주먹은 최후의 수단이어야 한다. 종종 우리
에게는 최후의 수단을 써야 할 상황이 생기고, 도
를 넘는 짓을 멈추기 위해 결단력을 보여야 할 때
가 온다. 그럴 때 남자는 주먹을 어떻게 쓰는지 알
고 있어야 한다고 말하고 싶다. 말로 설득할 여지
가 남아 있을 때까지는 절대 주먹을 써선 안 된다.
그러나 다른 모든 수단이 좌절되었을 때, 그 수단

은 가장 자연적이고 확실한 설득력을 발휘할 것
이다. 그러므로 남자는, 그가 신사가 되고자 하든
지 아니든지 간에, 복싱을 배워야만 한다.

제인 아스터, 《상류사회의 습관》, 1859.

앞의 문장은 원래 빅토리아 시대 런던에서 출간
되었으나 미국에서도 인기를 얻은 예법서에서 인용됐다.
'제인 아스터 여사'라는 필명으로 글을 쓴 작가는 예의범
절의 핵심이자 예의범절을 지켜야 하는 이유에 대해, 잠
재된 공격성을 조절하고 다른 사람과의 관계에서 발생하
는 감정을 통제하도록 이끌기 때문이라고 설명했다. 인용
된 문장에 따르면, 19세기에는 한 여자의 '명예'가 위기
에 처했다면 그녀를 구하려는 남자가 다른 사람에게 주
먹을 날리는 무례는 전적으로 정당하게 평가되었다. 아
니, 정당했을 뿐만 아니라 '신사적' 행동으로 인정받았다.
그래서 당시의 신사들은 대부분 복싱에 능했다.

행동 규범이 존재하지 않거나 사람들이 이를 따
르지 않는다면, 적대 행위가 생겨나는 것은 금방이다. 정
식으로 으름장을 놓을 필요조차 없다. 그저 정중한 눈빛
과 예의 바른 몸짓만 멈추어도 이미 공격성을 나타내는
신호가 된다. 그런데 예의 바른 오늘날의 사람들이 중세

로 간다면 자신의 입장을 피력하기가 쉽지 않을 것이다. 당시엔 공격하지 않는다는 것이 거의 불가능에 가까웠기 때문이다.

967년 작센 지방의 귀족 비흐만 빌룽Wichmann Billung이 폴란드 제후 미에슈코Mieszko의 군대 졸병들에게 사로잡혔다. 비흐만은 오랫동안 삼촌인 헤르만 Hermann 대공에 맞서 투쟁해 왔는데, 미에슈코는 대공과 결탁 관계였다. 비흐만은 도망치려 애썼으나 포위망은 점점 좁혀 들어왔고 이미 탈진 상태였다. 뒤늦게 그의 정체를 알게 된 미에슈코의 병사들은 그가 무장 해제를 한다면 적진을 무사히 통과하도록 수행하겠다고 제안했다. 그러나 자신의 귀족 신분을 잊지 않은 비흐만은 이를 거절했다. 신분이 낮은 자들에게 무기를 넘기는 것은 항복의 표시라고 생각했기 때문이다. 대신 그는 미에슈코가 그 자리에 오면 그에게 직접 자기 무기를 넘기겠다고 버텼다. 병사들은 그의 요청을 들어주었지만, 제후가 도착할 때까지는 싸움을 멈출 수 없었다. 비흐만이 끝까지 무기를 내려놓지 않았기 때문이다. 비흐만은 결국 죽고 말았다.

오늘날엔 비흐만 빌룽의 자존심과 명예 개념이 어리석게만 느껴진다. 하지만 10세기에는 그의 행동이 충분히 이해되었을 뿐만 아니라 영웅시되었다. 이 타고난 귀족은 자신에게 가장 잘 어울리는 방식으로 삶을 떠났다. 그는 칼로 자신의 명예를 지켰다.

중세의 문화는 어느 모로 보나 오늘날보다 저속했으며 인간 간의 상호작용은 훨씬 직접적이었다. 사람들이 자신의 감정을 노골적으로 표현하다보니 무심코 던진 농담이 갑자기 피 튀기는 싸움으로 불거지는 경우도 허다했다.

1216년 한 피렌체 사람이 연회를 열어 도시의 유력자들을 초대했다. 식사하는 동안 광대 하나가 부오델몬티Buodelmonti 가문의 열쇠를 잽싸게 낚아챘다. 이에 젊은 부오델몬티를 제외한 모두가 박장대소했다. 그런데도 부오델몬티가 계속 고지식하게 굴자, 도시의 다른 유력자인 아리기Arrighi가 이를 질책하며 부오델몬티 머리에 열쇠를 던졌고 부오델몬티는 그에게 칼을 던지는 것으로 맞받아쳤다. 이 작은 소동으로 피렌체 역사상 가장 유명한 가문 간의 싸움이 점화됐다. 가문끼리의 싸움은 교황파인 겔프당과 황제파인 기벨린당으로 나뉘는 정치 싸움으로까지 비화해 그 정점을 찍었다.

연회에서 밥을 먹다가 시작된 싸움은 10년이 넘게 계속됐고, 그 여파로 이탈리아 문학의 아버지인 단테 알리기에리Dante Alighieri가 피렌체에서 추방됐다. 겔프당에 속했던 단테는 자신의 작품《신곡》에서 기벨린당에 속한 자신의 정적을 지옥의 똥구덩이 속에 처박아 버린다.

작품 속에서 단테를 지옥으로 안내하는 베르길은 용감한 단테의 정당한 분노라며 이를 치켜세운다.

중세에 모욕이란 말 그대로 사생결단의 문제였다. 사회계층을 가릴 것 없이 누구나 명예를 훼손당하면 곧장 칼로 손을 뻗었다. 중세 윤리 격언집에는 이런 사람들을 진정시키며 그 이유를 다음과 같이 설명했다. "너의 동반자가 너를 성나게 할 때, 너무 혈기를 부리지 않도록 자신을 다스려라. 나중에 후회하게 된다." 물리력은 한 사람의 사회적 위치를 정하는 수단이 되기도 했다. 재력가는 자신의 재산을 지킬 능력을 갖춰야 했다. 봉건사회에서 싸움을 걸어오는 사람에게 맞설 능력이 없는 사람은 결국 아무것도 소유할 수 없었다.

신분이 낮은 사람에게 폭력을 쓰는 것은 당연하게 여겨졌다. 앵글로색슨 시대 알프레드 대왕은 아들에게 다음과 같은 조언을 남겼다. "사람들이 너를 사랑하도록 지혜롭게 말하라. 길에서 술에 취한 사람과 마주치면 지나갈 수 있게 길을 비켜줘서 다투는 일이 없도록 하라. 너에게 욕을 하는 미친놈은 일단 도망치도록 내버려뒀다가 차후에 두들겨 패라." 도시에서는 기사 계급이 정신병자나 농부, 노예 등을 채찍질하고 주먹으로 때려도 규범에 어긋나지 않았다.

중세에는 격투, 주먹질, 사냥이 일상이었다. 누구

보다 귀족들에게 폭력은 삶의 즐거움이었다. 13세기 가톨릭교회는 귀족들과 손을 잡고 남아프리카의 카타리파 교도를 상대로 피 튀는 십자군 전쟁을 벌였다. 당시 날아든 승전보 중에는 이단으로 지목된 카타리파 교도들이 불에 타 죽는 광경을 즐거운 마음으로 지켜보았다는 내용이 있었다. 사람들은 종교와 관습이 다른 사람을 자신과 똑같은 존재로 생각하지 못했다. 그들은 사회가 요구하는 대로 냉정하게 행동했다. 약자를 동정할 때조차 자신의 불안한 미래에 대한 두려움을 우선했을 뿐, 연민 따위는 끼어들 틈이 없었다.

 그 어떤 음식도, 그 어떤 술도 사방에서 "돌격, 앞으로!", "도와줘, 도와줘!" 하는 외침이 들려오는 한중간을 돌진하는 말과 건장한 남자들이 그 말에서 떨어져서 이미 창으로 몸이 뚫려 널브러져 있는 장면을 보면서 먹는 것만큼 맛있을 수는 없지!

12세기 인기 있었던 음유시인 베르트랑 드 보른 Bertran de Born은 이렇게 노래했다. 실제로 귀족에게 전쟁은 일상이었다. 기사들은 삶의 대부분을 방랑하거나 전투를 벌이는 데 썼다. 혈투가 계속되다보니 아군에 대한 충성심은 점점 더 강해졌고 적의 고통을 볼 땐 기쁨이 샘솟았다.

　12, 13세기의 신학은 전쟁과 관련된 행위를 '정당한 전쟁'이란 개념으로 합리화했다. 자기 자신과 자기 영토를 지키는 것은 정당하다는 의미였다. '선의'로 벌인 전쟁은 죄가 아니며 전쟁에 참여한 사람들도 지옥에 가지 않는다고 했다. 정당화된 전쟁은 오히려 경건한 행동으로 받아들여졌다. 죄인과 범법자들을 단죄하는 행위였기 때문이다.

　역사학자 프레더릭 러셀Frederick Russell이 중세 전쟁의 이론적 체계를 연구한 결과, 중세 전성기의 스콜라 철학자들은 인간은 공격적이며 자기 영역을 방어하다가 죽거나 죽임을 당하는 존재로 파악하고 있었다. 스콜라 철학자들의 이 같은 비정한 인간상은 현대 행동학자들이 이해하는 인간의 모습과 많이 닮았다.

기사의 연애와 손님 접대의 비밀

남프랑스 지방의 도시인 카르카손에는 유럽에서 가장 큰 중세 성채가 우뚝 솟아 있다. 상점과 교회, 음식점 등이 모여 있는 작은 성내를 52개나 되는 탑이 둘러쌌다. 프랑스에서 가장 많은 관광객이 찾는 도시 중 하나로 꼽히는 카르카손은 특유의 활기가 매력적이다. 그곳에 거주하고 있는 수공업자들과 예술가들은 매년 중세풍의 음악 축제와 예술 행사를 주최한다. 중세의 전통을 계승하려는 그들 나름의 방식이다. 카르카손의 주민들이 중세를 기념하는 것은 그들이 중세 남프랑스에서 흥성했던 음유 시인 무리인 트루바두르Troubadoure의 후손이기 때문이다. 12세기 카르카손에 살던 그들의 조상들은 성주의 딸에게 로맨틱한 세레나데를 바치고 기사의 용맹함을 찬미하는 노래를 불렀다.

이런 성 안에서 젊은 기사들은 주로 서로에게 욕지거리하거나 싸움을 하는 데 시간을 허비했다. 그들의 엄청난 혈기를 통제하느라 다양한 수단이 개발됐다. 그중 하나가 연애 감정이었다. 봉건 영주는 때에 따라 자기 아내를 미끼로 짝이 없는 기사들의 순정을 낚기도 했다. 여인을 사모하는 마음은 본능을 억제하고 '기사답게' 행동하도록 만드는 수단이었다.

공격성을 억제하기 위해 기사들은 평화 조약을 맺기도 했고 이 풍습은 사회의 다른 영역으로까지 확대되었다. 11세기에서 13세기 사이에는 한 지역 사람들이 다같이 모여서 함께 먹고 마시는 행사가 잦았다. 그리고 그 자리에서 조약을 맺었다.

그 당시부터 연회는 우호 관계를 확인하는 자리로 매우 중요하게 취급되었다. 술과 요리는 결속과 우정을 드러내는 징표였다. 하나의 식탁 앞에 둘러 앉았다는 것은 곧 그 자리에 앉은 사람들 간의 유대 관계를 나타내는 뚜렷한 표현이었다. 손님과 주인을 뜻하는 영어 단어 'guest'와 'host'는 모두 인도 게르만어의 단어 'ghos-tis'에서 파생되었다. 같은 어원에서 출발했다는 사실은 손님과 주인의 역할을 이해하는 데 흥미로운 힌트를 제공한다. 바로 한쪽이 없으면 다른 한쪽도 없다는 것이다.

손님과 주인은 손님 접대의 원칙을 구체적으로 실현하는 당사자다. 음식을 권하고 권한 음식을 받아먹는 행위를 통해 서로의 두려움에 균형을 맞춘다. 이 관계를 조종하는 건 다름 아닌 적의다. 손님을 환영하거나 초대를 받아들이는 것은 양측이 정해진 시간에 적의를 버리고 결탁하겠다는 표시다. 그들은 공동의 안위를 위해 평화와 질서의 의무를 받아들인다.

그러므로 손님은 언제나 존경을 받는 불가침의 존재였다. 갈리아 지방의 카를 대제의 왕국에서 같은 식탁에서 함께 밥을 먹은 사람에게 위해를 가한다는 것은 상상도 못할 일이었다. 후에 여러 유럽국가가 그 정신을 이어받은 프랑크 왕국의 법전,《렉스살리카lex Salica》는 초대한 손님을 죽인 자에게 엄한 벌을 내리라고 명했다. 그리고 그 자리에 있던 모든 참석자가 보상금을 나눠서 내도록 했다. 손님 접대법이 법률로 제정될 정도로 중요했던 이유는, 당시에는 낯선 사람은 누구든 적으로 간주했기 때문이다. 낯선 사람을 보면 생기는 공포감을 사람들은 연회를 통해 누그러뜨렸다. 그중에서도 프랑크 왕국에서 손님 접대는 매우 중요한 일이었고 접대 방식에 대한 규정도 여러 가지였는데, 그중 하나가 손님은 주인이 권하는 모든 것을 받아들여야 한다는 것이었다. 그래서 732년 통일 프랑크 왕국의 궁재였던 카를 마르텔Karl Martell이 다 차려놓은 식탁을 두고 떠나버리자, 그를 초대했던 오를레앙의 주교 에우케리우스Eucherius는 그가 적으로 돌아섰음을 직감했다.

카롤링거 왕조 시대의 식사예절은 그 자리에 함께 한 사람들의 안전을 보장하는 데 주안점을 뒀다. 어떤 손님이 식탁에서 나이프가 필요하다고 하면 시중을 들던 하인이 건네준 다음 사용하고 나서 돌려받았다. 하인은 나이프의 끝을 조심스레 다뤘다. 또 다른 예절은 음주와 연관돼 있었다. 당시엔 커다란 술통을 양손으로 잡아드는 것이 생명의 위협을 무릅쓰는 행위였다. 심장을 무방비로 노출하는 자세기 때문이다. 언제라도 함께 식탁에 앉아 있던 누군가가 기회를 엿보고 있다가 적으로 돌변하여 암살을 꾀할 수 있던 시절이었다. 그래서 술을 홀짝거리는 것은 허용되지 않았다. 대신 술잔을 들고 한 번에 쭉 들이켜야만 했다. 무방비 상태를 최소화하기 위해서다. 술을 마시는 동안 옆자리에 앉은 사람에게 보호를 요청하기도 했다. 그러면 그 사람이 양손으로 큰 잔을 들고 술을 마시는 동안 옆 사람이 무기를 손에 든 채 사방을 경계하고 지켰다.

그 어느 곳도 안전하지 않은 시대였기에 이러한 안전장치는 전혀 과하지 않았다. 5세기경 게르만족 왕 오도아케르Odoaker는 술자리에서 암살당했다. 순교왕이란 별칭으로 유명한 영국 왕 에드워드Edward the Martyr는 978년 술통을 입 앞에 가져간 상태에서 죽임을 당했다.

18세기까지도 옥스퍼드 대학의 술고래들 사이에선 상대가 잔을 다 비울 때까지 양손 엄지를 식탁에 붙이고 기다리는 풍습이 남아 있었다. 바이킹을 비롯한 다양한 민족문화에서 축제 기간에는 휴전을 선포하고 모든 적개심을 접어두었던 것도 놀랄 일이 아니다. 아이슬란드의 11세기 산문집《에길의 사가Egil's Saga》를 읽다보면 축제 중 휴전 협정을 파기하는 일이 무례 중에서도 최악의 무례로 여겨졌음을 알 수 있다.

일대일 결투와 피의 복수

중세의 마을 공동체는 평화 상태를 유지하기 위한 하나의 맹세 혹은 협약을 지키는 공간이었다. 마을의 연장자

들은 맹세를 통해 공동체가 유지되도록 살피는 역할을
담당했다. 그러므로 그들은 공동의 안위를 위협하는 공격
성을 배척하는 데 최선을 다했다. 안전치 못한 시기에는
집이나 마을이 곧 무기를 들고 지켜야 하는 성이 되었다.
맹세만으로 내부 질서를 유지하기 어려울 때는 마을에서
자치법을 제정하기도 했다. 예를 들어, 13세기 영국의 헤
일소언에서는 농부들이 네 사람을 대표로 뽑아 상해 사
건에 대한 벌금을 확정하는 임무를 맡겼다.

마을이 자치법을 정하지 않았다면 중세 중반의 법
률 체계 내에서 상해나 모욕에 대한 보상을 구할 방법은
오직 한 가지, 일대일 결투뿐이었다. 12세기 프랑크족 기
사였던 알렉시오스Alexios는 자기 자신에 대해 다음과 같
이 서술했다.

 나는 고귀한 혈통에서 태어난 순수 정통 프랑크
인이다. 틀림없는 사실이다. 내가 태어난 지역에
는 교차로에 오래된 교회가 서 있다. 일대일로 싸
우고자 하는 사람은 누구나 그곳으로 가서 결투를
벌인다. 나는 교차로에 서서 나와 싸우고자 하는
이가 나타나길 기다렸다. 하지만 누구도 감히 나
에게 덤비지 않았다.

공격성

하트빅 프리쉬 Hartvig Frisch, 《유럽의 문화역사》, 1928.

　　13세기까지 일대일 결투는 당시의 법이 작동하는 방식이었다. 당시엔 개인사에 개입할 공공기관이 없었다. 일대일 결투가 인기를 끌었던 배경에는 신이 결투의 승자를 직접 결정한다는 믿음이 깔려 있다. 자신이 옳다고 믿는 사람은 절대 질 수 없었다. 신이 자기편에서 싸우고 있어야만 했기 때문이다. 누군가 도전장을 내밀면 받아들이는 것도 당연했다. 도전에 불응하는 것은 비겁함을 드러내는 확실한 증거로 해석되었다. 일대일 결투를 통해 사람은 자신의 상처 입은 명예를 회복했을 뿐 아니라, 자신의 존재감을 만방에 드러냄으로써 사회적 자산을 획득했다. 그러니 정의나 앙갚음 혹은 여타의 도덕적 원칙에서 비롯된 이유로만 결투를 벌이지는 않았다.

　　13세기 무렵부터 관료들에 의해 제정된 법률 시스템이 유럽에서 하나둘씩 생겨나기 시작했지만, 귀족들 사이에선 결투를 신청하는 풍습이 19세기 초반까지도 남아 있었다. 상류층은 기사도의 서정성과 장중함에 집착한 나머지 인적이 없는 장소를 골라 새벽 어스름께에 결투를 벌였다. 그들은 이제 막 해가 떠올라 비치기 시작할 때가 치욕에 대한 피의 복수를 통보하기에 적당한 시점이라고 생각했다. 결투엔 나름의 확실한 규칙이 있었다.

양쪽 다 같은 무기를 사용하고 모종의 신호에 맞춰 동시에 시작되었다. 요한 후이징가에 따르면 결투는 관례화된 게임의 일종이었다.

누군가 치욕을 당했지만 결투할 준비가 되어 있지 않았다면 상황은 복수전으로 흘러간다. 당사자의 가문이 대를 이어 전쟁을 벌이는 것이다. 복수의 정신은 자신이 당한 치욕을 그대로 갚아주는 것과 더불어, 상대의 명예를 실추시키는 데 있다. 핏빛 복수의 실현은 남성성의 문제이기도 했다. 복수를 통해 자신은 물론 가문과 일족을 방어할 수 있는 능력을 증명해보였다. 14세기 피렌체 법원은 가문의 호주만이 복수전을 수행할 수 있다는 판결을 내렸다. 정부가 끼어들어 가문 간의 갈등을 다른 방식으로 풀어가도록 규제한 것은 그로부터 몇 세기가 지나서였다.

중세 귀족의 행실은 폭력에 물들어 있었다. 그리고 극기와 자제를 훈련받은 성직자들도 이런 성향을 완벽히 지우진 못했다. 1492년 프랑스 상스 지방의 대주교는 파리의 성당 참사원들과 갈등 관계에 있었다. 그리고 어느 날 대주교가 성당 밖으로 나오자 참사원 둘이 그를 넘어뜨리고 한 무리의 신부가 그 위에 올라탔다. 그들은 주교의 십자가를 부수고 주교의 두 팔을 결박한 다음 머리털을 쥐어뜯었다. 대주교가 공격자들을 진정시키려 들자, 그들은 주교의 복부를 가격하고 모자를 찢어발겼다. 그리고 참사원 한 명이 나서서 큰소리로 욕설을 하며 팔을 잡아당겨 주교의 셔츠가 찢어졌다. 주교가 다른 팔을 들어 몸을 가리자 그 참사원은 주교의 얼굴을 때렸다. 이 현장을 목격한 동시대인은 이를 기록으로 남겼다.

근대 초기에도 사람들은 무례하게 굴었다. 어디서나 신체적, 언어적 폭력이 행사되었다. 소란스럽게 술에 취해서 여자를 희롱하고 싸움을 벌이는 주점이 대표적 현장이었다. 여인숙에선 주석 잔에 쇠사슬을 달아 식탁에 묶어 두었는데, 술에 취한 사람들이 잔을 무기로 사용하는 것을 방지하기 위해서였다. 17세기 암스테르담 주민들은 누구나 칼을 한 자루씩 차고 다녔다. 주점에서 소동이 벌어진 와중에 누군가 칼을 꺼내들면 다른 사람들도 모두 곧장 자기 칼을 빼 들었다. 언제라도 마음만 먹으면 누구나 공격할 준비가 되어 있던 시대였다.

도시에서의 호신

대도시에 사는 사람들은 끊임없이 자신을 검열하고 타인을 불신한다. 이는 현대 도시인들도 마찬가지다. 이런 태도를 영어권에선 '스트리트 와이즈street wise'라고 부른다. 우리는 공공장소에서 타인을 만나면 일단 일정한 거리를 유지한다. 섣불리 접촉하기보다는 피하는 편을 택한다. 낯선 사람은 잘 모르고, 가늠할 수 없으며, 신뢰할 수도 없기 때문이다. 한 마디로 낯선 사람은 '잠재적 나쁜 사람'이다.

하지만 동시에 우리에겐 사회적 본성이 있고 또한 공동체가 필요하다. 그래서 우리는 도시 일부분을 도덕적으로 신성한 지역으로, 우리와 비슷한 부류의 사람들이 모이는 공간으로 조성했다. 다른 말로 하자면, 우리는 우리 주위를 익숙하고 안전한 공동체로 만들고자 익명의 거대한 대도시에서 배타적이고 한눈에 파악이 가능한 '자기 영역'을 지었다.

이러한 자기 영역은 그 공간의 경계 짓기와 고립, 그리고 주민의 '게토Ghetto화'를 의미한다. '게토'라는 단어의 뿌리는 유럽에 정착한 유대인들의 역사에서 시작된다. 그들은 이미 오래전부터 도시마다 자신들만의 거주지를 지었는데, 특히 16세기 도시 국가였던 베네치아에서는 아예 성과 탑을 쌓아 도시의 다른 부분과 확실하게 구분되는 자기 영역을 조성한 뒤 '게토 노보Ghetto novo'란 이름을 붙였다. 이후부터는 유대인 거주지를 일반적으로 게토라고 불렀다. 그리고 나치 치하에서 이 명칭에 특별히 음울한 뉘앙스가 추가됐다.

오늘날 '게토'라는 단어의 의미는 좀 더 넓어져서

사람들이 선망하는 대도시라면 으레 있는 문제 지역 혹은 슬럼가를 뜻하게 되었다. 게토에 사는 주민은 민족적 태생이나 이민사를 고리로 서로 엮여 있다. 그리고 대부분 가난하고 평판이 좋지 않다. 유럽의 메트로폴리탄 변두리에서 폭동이 일어났다는 뉴스가 심심찮게 들려온다. 지금까지 게토의 발생을 막기 위해 다양한 도시 계획적 수단이 동원되었지만 그 어느 것도 성공하지 못했다. 사람이라면 누구나 자신만의 공동체를 꾸리고 비슷한 부류의 사람들과 밀접한 상호작용을 하며 살고 싶은 욕망이 있기 때문이다.

좋은 사람과 나쁜 사람 혹은 좋은 지역과 나쁜 지역을 구분하는 것은 선사시대부터 있어온 아주 오래된 현상이다. 사람들은 역사를 기록하기 이전부터 타인에게 폭력을 행사하고 비슷한 처지의 사람들끼리 무리를 지었는데, 모두 식량 공급과 관련해 해석할 수 있다. 사람들은 일반적으로 무리를 지어 사냥했고, 이 무리는 협력의 대상과 적대의 대상으로 나눠진 인간 종 안에서 자신의 이익을 대변하는 집단이었다. 자연히 자신이 속한 무리 밖으로 공격성을 표출하는 것은 아무런 제재를 받지 않았다.

그런데 공동체가 커짐에 따라 적과 친구의 경계가 흔들리기 시작했다. 인간이 소수와만 좋은 친구 관계를 맺을 수 있다는 것은 사회심리학적으로 증명된 사실이다.

너무 많은 사람을 알고 지낼 경우, 그 결속의 강도가 약해질 수밖에 없다.

인간의 본성은 수천 명의 개인으로 이루어진 엄청나게 큰 집단에 속해 살기에 적당치 않다. 우리의 존재 양식에는 서로가 개인적으로 알고 지내는 백 명 이하의 작은 집단이 알맞다. 그러므로 매일 셀 수 없이 많은 타인과 접촉해야만 하는 대도시 생활을 견디기란 쉽지 않은 일이다. 살면서 마주치게 되는 모든 사람과 아주 간단하게라도 관계를 맺는 것은 불가능하다. 그래서 우리는 그저 지나쳐버리길 택했다. 이미 중세부터 예법서에서는 '무관심'을 권했다. 다음은 파리에서 교회에 가는 젊은 여자들에게 했던 충고다.

 길에서는 고개를 높이 들고 시선은 아래에 고정한다. 스물네 발자국을 걸은 다음 앞을 한 번 보고 다시 바닥을 본다. 남자든 여자든 좌우에 있는 사람을 쳐다보거나 두리번거리지 않는다. 길을 가던 누군가가 말을 걸 수 있으니 한 자리에 서거나 웃지 않는다. 교회에 도착하면 가능한 한 가장 안전하고 한적한 자리를 찾는다. 튼튼한 기둥이나 성모상 앞자리를 찾았다면 이동 없이 한 자리에 머문다. 앉은 자세에서 고개는 높이 들고 몸은 움직이지 않은 채 입만 움직여 쉬지 않고 기도한다. 눈은 책이나 성모상의 얼굴에 고정한다. 남자나 여자, 그림이나 그 밖에 다른 것을 쳐다보지 않는다. 소리를 지르거나 과장된 행동을 하지 않는다.

《르 메르지나 드 파리스》, 1392~1394.

14세기 후반에 출간된 이 예법서에는 시선의 의미가 확연하게 드러난다. 시선은 이목을 집중시키거나 반대로 이목을 피하고자 움직였다. 예의 바르게 허리를 숙이는 인사도 눈이 마주치는 것을 피하기 위한 용도로 쓰였다. 시선을 아래로 떨구는 것은 가장 중요한 시선 처리법이었다. 정면으로 노려보는 것은 대놓고 적의를 표현하는 것으로 여겨지기에 십상이었다.

낯선 눈길이 자신에게 머무는 것이 느껴지면 곧장 시선을 돌려버리는 것이 인간의 전형적인 반응이다. 눈을 피하지 않고 계속 응시한다면 이번엔 먼저 눈길을 준 사람이 긴장한다. 서로를 모르는 성인 둘이서 서로를 계속해서 응시한다는 것은 일종의 공격 행위다. 실제로 공격적인 사람만이 다른 사람의 눈을 오랫동안 똑바로 바라볼 수 있다.

오늘날엔 일반적으로 말을 하는 상대의 눈을 보는

것이 예의라고 말해지곤 한다. 그러나 실제는 이와 다르다. 일반적인 대화에서 우리는 번번이 대화하는 상대의 눈을 피한다. 문장이 끝날 때마다 한 번씩 시선을 맞추는데, 그건 우리가 하는 말에 대한 그의 반응을 점검하기 위해서다.

군중 심리와 공격성

대도시의 일상에서 사람들은 타인과의 접촉을 두려워한다. 우리는 타인을 피한다. 그들이 어떻게 행동할지, 적인지 친구인지를 알지 못하기 때문이다. 만약 누군가가 마음에 들거나 그와의 접촉이 필요하게 되면 우리는 일단 느린 접근을 시도한다. 그 시도는 형식적인 책임 회피의 말로 시작한다. "실례가 된다면 죄송합니다만…" 상대가 이 말에 적대적인 반응을 보일 가능성은 항상 존재한다. 모르는 사람과의 접촉에 대한 두려움은 우리 마음속 깊이 뿌리내리고 있어서 쉽게 사라지지 않는다. 누구에게나 다른 사람들로부터 울타리를 친 자기만의 영역이 있다.

하지만 이와는 상반된 주장도 있다. 어떤 커다란 그룹의 일부가 되면 사람은 관계의 공포로부터 해방된다는 것이다. 군중과 권력을 연구해온 엘리아스 카네티Elias Canetti는 타인에 대한 두려움이 정반대인 긍정적인 감정으로 변모하는 독특한 상황을 발견했다. 몸과 몸이 붙을 정도로 밀도가 높은 집단 안에서는 갑자기 그 집단 전체가 하나의 커다란 몸이 된 것만 같은 기분이 생긴다는 것이다. 그 순간 두려움은 힘으로 바뀌고 군중은 공격적으로 변한다.

집단 시위가 그 대표적인 예다. 시위에 참여한 사람들은 낯선 사람들과의 접촉을 꺼리지 않는다. 모두가 하나의 문제의식을 느끼고 있어서, 카네티의 표현에 따르자면 '하나의 몸' 안에 속해 있기 때문이다. 시위대는 쉽게 정해진 경로를 이탈하고 종종 아무런 이유 없이 폭동을 일으키기도 한다. 지배적 권력 구조를 거부하고 무형의 심리적 가치를 대변하는 시위대가 결국은 유리병이나 돌멩이를 던지면서 경찰과 몸싸움을 벌이는 현장이 심심치 않게 목격되는 이유다.

군중의 공격적인 성향은 집단으로 사냥을 해서 먹고 살던 시대의 유산이다. 법원의 판결에 따라 공동체 일원들이 모두 돌을 던져 죄인을 죽였던 투석형의 관습이 그 뒤를 이었다. 근본적으로는 모든 사형 집행이 공동체에 의해 자행된 살인으로 해석될 수 있다. 실제로는 사형이 실행되도록 뜻을 모은 군중 모두가 사형 집행인인 셈이다.

고문 의식도 군중들의 삶에서 중요한 부분을 차지

했다. 이 의식을 관람한 사람들은 지위 고하를 막론하고 경각심을 얻어 돌아갔다. 사람들은 고문이 가해지는 장소에 입장하겠다고 요구했고, 대중의 시야에서 희생자를 감추면 거칠게 항의했다. 희생자가 지위가 높은 사람이라면 고문이 정해진 강도보다 낮게 가해질 수 있다고 의심했기 때문이다. 적어도 프랑스와 잉글랜드에서는 관중도 고문에 직접 참여할 수 있는 권리가 있었다. 범법자가 공식적으로 수모를 당하고 난 다음에는 관중이 모여들어 모욕과 공격을 퍼부었다.

18세기까지만 해도 사람들은 소풍 삼아 사형을 구경하러 갔다. 사람들은 희생자의 비명과 저주에 마음이 사로잡혔다. 죽음을 목전에 둔 사람이 고위관료와 왕 그리고 교회를 저주하는 것을 듣는 데서 대리만족을 느꼈다. 그뿐만 아니라 관중들 간에도 폭력이 횡행했다. 이 와중에 팔이 부러지고 이가 나갔으며 집단 주먹질로 죽는 사람까지 생겼다. 이런 관중 속에는 귀족도, 일반 민중도 심지어 아이들도 있었다.

18세기 중후반부터 공개 처형의 행태가 변하기 시작했다. 교수형은 자취를 감추었고 사람들은 처형장을 혐오스럽게 여겼다. 관중들은 더 이상 사형에 매료되어 형장을 찾아다니지 않았다. 오히려 피하려 애썼다. 고문에 대해서도 잔인하다고 생각하는 사람들이 늘어갔다.

18세기 말 무렵부터 유럽의 많은 나라에서 고문이 금지됐다.

19세기 초가 되자 처형 장면은 점점 대중들의 시야 밖으로 밀려 나갔다. 공개 처형은 더 이상 대중들을 위한 수난극이나 매력적인 공연으로 여겨지지 않았다. 오히려 거부감의 대상이 되었다. 어쩌다 그렇게 됐을까?

철학자 미셸 푸코Michel Foucault의 주장에 따르면, 공개 처형 풍습은 관중들을 잔인함에 익숙해지도록 만들었다. 겁을 주기 위해 처형 장면을 공개했던 상류층의 의도는 빗나갔다. 동시에 사람들은 관료들의 잔인함에 반감을 갖게 됐다. 판사나 사형 집행인을 살인자로 보기 시작한 것이다. 고문을 당하는 사람들에게도 연민이 생겼다.

그래서 고문이나 사형의 자리를 신체 자유 박탈형이 대신하게 됐다. 이는 사회가 엄격한 종교적 규율과 중세의 신분 체계에서 벗어나 자유를 가장 중요한 가치로 생각하게 되었음을 보여준다. 자유를 박탈하는 것은 국가가 시민에게 내릴 수 있는 엄한 형벌 중 하나가 되었다.

현대적 인권 해석의 틀에서 보면 타인의 고통에서 기쁨을 찾는 태도는 비난받아야 마땅하며 사회적으로 통제되어야 할 행위다. 폭력을 독점하는 것은 국가 기관이다. 전쟁 중에는 그 사회의 응집된 잔인함이 전쟁 포로에게 집중되는 까닭에 사회 안에서는 사형 집행 건수가 줄어들고 투옥형으로 대체됐다. 하지만 투옥형을 향한 비판의 소리도 만만치 않다.

오늘날 사람들은 교수형이나 능지처참, 고문 등을 보며 즐거움을 느끼지 않는다. 그렇다고 폭력이 행사되는 장면을 보고 싶어 하는 본능마저 사라진 것은 아니다. 고대나 중세와 비교하자면 타인의 고통에 연민을 느끼는 능력이 요즘 사람들에게 더 많은 것처럼 보여진다. 하지만 요즘 사람들도 폭력적 충동을 해소할 창구를 필요로 한다. 그래서 액션 영화나 복싱, 프로레슬링 등의 공격적인 스포츠를 통해 서로에게 극단적인 폭력을 줄기차게 행사하는 모습을 관람하는 것이다.

실제로 우리 문화 속 가상의 폭력은 꾸준히 증가하고 있다. 액션이나 스릴러 영화에서 폭력은 빠질 수 없는 요소다. 하물며 90년대에는 '아트하우스 폭력'이란 개념이 만들어지기도 했다. 폭력은 '세련된 것'이 되었고, 관객은 폭력적인 영화 속에 유혈이 낭자한 장면들을 장르의 기본 요소로 받아들인다. 사람들은 연출상의 잔인함이나 주인공의 고통에 쉽사리 동화되지 않고 오히려 일정 거리를 유지하며 폭력을 관찰할 줄 아는 능력을 관객의 기본 자질로 여긴다.

요즘 사람들은 '오락으로써의 폭력'을 얘기한다. 꼼꼼히 따져보면 참으로 어울리지 않는 개념의 조합이다.

공격성을 인간 문화의 일부로 수용해야만 한다는 주장은 이 부조화를 더 선명하게 드러낸다. 사실 '오락으로써의 폭력'은 18세기의 교수형 풍습의 특성을 설명하는 데 딱 들어맞는 말이다. 당시엔 일 년에 한두 번 서는 장터 행사의 하나로 고문과 살인을 생생하게 보여줬다. 하지만 오늘날엔 폭력을 관전하는 행위를 규제하기 위해 부단히 노력한다. TV 뉴스는 고를 수 있는 화면 중 최악의 것은 배제하고, 영화관에서는 연령에 따라 등급을 나눈다. TV에서 폭력적인 영화를 방송할 때도 연령 등급이 분명하게 표시된다. 이런 규제는 컴퓨터나 콘솔 게임에도 적용되어 잔인함의 정도에 따라 사용할 수 있는 연령을 구분한다.

　　심리학자들과 미디어 연구자들은 가상세계의 폭력이 현실세계의 시청자에게 미치는 영향을 두고 계속해서 논쟁을 벌이고 있다. 가상세계의 폭력이 실제 폭력 행위를 유발한다는 연구 결과와 폭력을 관람하는 동안 본인의 폭력성이 해소되므로 오히려 폭력 성향이 줄어든다는 연구 결과가 서로 엇갈린다.

　　사실 가상세계의 폭력성에 대한 염려는 최근에 불거진 것이 아니다. 플라톤도 고대 연극에 등장하는 폭력적인 장면이 어린 관객들에게 나쁜 영향을 미치지 않을까 걱정했다. 호주의 문화학자 제프 루이스Jeff Lewis는 이 문제를 좀 더 넓은 관점에서 해석했다. 현대문화는 전쟁, 군비 확장 그리고 사회의 구조적 불균형을 기초로 형성되므로 그 유산이 끊임없이 미디어에 반영될 수밖에 없다는 것이 그의 주장이다. 루이스는 인간에 의해 멸종된 동물들의 종류를 언급하면서, 다음과 같은 신랄한 결론을 내렸다. "현대 인간은 지구상에 존재하는 가장 난폭한 종이다."

폭력에 맞서는 에티켓

야성이 살아 있던 중세시대에 폭력 행위를 규제하기 위한 수단이 평화 조약이나 결투만 있었던 것은 아니다. 기사 관례나 궁정 에티켓 같은 초기 예법이 사회 내 공격성을 통제하려는 목적으로 만들어졌다. 이 예법이 근대로 이어지면서 사람들은 일상에서 무기를 내려놓고 세련된 예절로 경쟁을 벌였다.

중세의 성주는 싸움거리를 찾아다니는 기사들에게 미풍양속이란 고삐를 채워 길들이려 애썼으며, 17세기 왕은 에티켓 규정을 만들어 말썽꾸러기 귀족들을 틀 안에 가두었다. 17세기까지만 해도 프랑스 귀족들은 사병을 둘 수 있었으나 태양왕 루이 14세에 이르러 사정이 급변했다. 왕은 궁궐을 짓고 귀족을 모두 불러들여 자신의 지배 아래 뒀다. 각자의 성안에서 독립적으로 전쟁하며 살던 귀족들은 이제 베르사유에 모여 사는 궁정 귀족이 되었다. 그들은 전쟁을 못하는 대신 왕의 총애를 얻기 위해 온갖 간계를 꾸미는 데 에너지를 썼다. 개인의 지위는 얼마나 많은 전투에서 이겼느냐가 아니라 궁정 내 위치로 정해졌다. 태양왕은 일상적 의례를 만들고 자신이 그 중심을 차지했다. 귀족들은 그가 베푸는 '총애의 표시'를 얻기 위해 경쟁했다. 예컨대, 왕이 특별히 아끼는 사람은 그 표시로 왕의 침실에 들어갈 수 있었다. 거기서 그는 왕에게 셔츠를 건네주거나 신발을 신겨주는 '영광'을 누렸다.

국가가 폭력을 독점하고 난 뒤부터 사람들은 서로를 좀 더 조심히, 그리고 절제하며 대하기 시작했다. 이 현상은 국가 권력의 중심, 즉 궁궐에서부터 확연하게 나타났다. 궁궐 사람들은 정확한 예법에 통달해야만 했다. 엄격한 궁중 에티켓이 만사를 규정했다. 궁궐에서 성공하는 유일한 길은 그 에티켓에 통달하는 것이었다. '에티켓'은 원래 프랑스 궁궐에서 입장을 허가한 사람들에게 나눠주는 이름표를 뜻하는 단어였으나 점차 '사회가 허용한 태도'를 일컫는 개념으로 확장되었다. 루이 14세가 이 개념을 발명한 장본인은 아니었지만, 그는 이 개념이 확장할수록 자신의 영향력은 커지고 귀족들은 쇠퇴한다는 점을 누구보다 잘 이해하고 있었다.

궁궐에서 자신의 위치를 지키기 위해 귀족들은 에티켓을 몸에 익혀야 했고 그를 위해 부단히 노력했다. 에티켓을 지키고 왕의 총애를 얻는 것은 차별화의 도구였다. 무기를 빼앗긴 궁정 귀족들은 누가 예법을 가장 잘 지키느냐를 두고 싸웠다. 누군가가 에티켓을 위반했다는 소식은 엄청난 스캔들로 비화하였고 추문의 당사자는 특권을 잃고 궁정 출입을 금지당했다. 이는 그의 사회적 지위가 바닥에 떨어졌음을 만방에 알리는 신호였다.

태양왕은 스스로 아주 작은 것까지 철저하게 계산해서 행동했다. 예를 들어, 그는 화가 나도 대놓고 으르렁대지 않았다. 대신 아주 작은 제스처나 말투의 변화로 분노를 표현했다. 물론 궁정 귀족들은 그 행동 하나하나를 숨죽여 관찰해야만 했다. 태양왕의 궁궐은 모든 행위를 규제하고 따라 하기 까다로운 규칙들을 양산하는 '규칙의 공장'이었다. 에곤 프리델은 바로크 시대 사람들의 모습을 다음과 같이 묘사한다.

 이미 외모에서부터 확고한 차이를 유지하기 위한 필사의 노력이 드러난다. (…) 걸음걸이와 수염, 감정 표현과 자세까지 모두가 보이지 않는 정사각형 틀에 갇힌 것처럼 경직돼 있다. (…) 있을 수 있는

사유가 하나하나 모두 제시되었으며 그 모든 사유
에 적당한 단어가 정해졌다. (…) 정해진 규정을
완수하는 사람은 영혼이 밝다는 평가를 받았다.

에곤 프리델, 《근대의 문화사》, 1927~1931.

태양왕의 구상에 따르자면, 사람이 명예를 얻을
수 있는 길은 전투에서 승리를 거두는 것이 아니라 왕의
호응을 얻는 데 있었다. 궁정 문화가 퍼지고 자기 통제의
습관이 늘어나자 중세 기사들이 명예롭게 여겨졌던 일대
일 대결은 확연하게 줄어들었다. 그리고 결투 풍습은 결
국 일부 엘리트층의 괴벽 정도로 치부되었다. 영국에서
1844년 군인들 간의 일대일 결투가 금지됐다. 기록에 남
은 마지막 결투는 1852년에 치러졌다. 독일 대학에서는
1차 대전 직전까지 일대일 결투가 학생들 간의 분쟁을
조정하는 일반적인 형식으로 남아 있었다. 본 대학에서
다른 학생과 드잡이 결투를 벌인 사람들의 명단에는 카
를 마르크스Karl Marx도 이름을 올렸다.

엄격한 규정을 지킨 프랑스의 궁정 문화는 유럽의
다른 궁궐의 일반적인 본보기가 되었다. 그중 몇몇 규정
은 시민계급에 전파되었고 차차 다른 사회계층에까지 두
루두루 퍼졌다. 분업의 증가와 상업의 성장과 함께 궁정

예의범절의 중요도도 점점 더 높아졌다. 사람들은 자신의 감정을 통제하고 폭력적으로 위협하는 일 없이 다른 사람과 소통하는 방법을 배워야만 했다. 상업을 통해 상호 의존도가 높아진 만큼 적절하게 행동하는 방법을 배워야 사업을 번창시킬 수 있었다.

하지만 서양식 상업 관례가 어느 곳에나 적용되는 것은 아니다. 그래서 유럽인들 중 다수가 동양의 시장에서 으레 볼 수 있는 가격 흥정을 불편하게 생각한다. 동양에서는 종종 가격을 둘러싼 대화나 흥정이 노골적으로 이뤄지며 때로는 공격적이라 할 만큼 열기를 띨 때도 있다. 하지만 언제나 최고 성과를 얻는 것은 조용하고 냉철하게 머리를 굴리는 사람이다. 또한, 장터에서도 끈기를 갖고 정중하게 행동하는 것이 도움이 된다.

오늘날 도시 중간계급의 풍속을 이해하기 위해서는 궁중 문화를 연구해야 한다고 노베르트 엘리아스는 주장했다. 궁궐에서는 훌륭한 몸가짐과 인사법, 제스처, 사랑스러운 행동 등이 높은 지위에 있는 사람이 갖춰야 할 자질이었다면, 오늘날에는 비즈니스 세계가 그런 소양을 찾는다. 이 세계에서 한 사람의 가치는 그의 비즈니스와 비즈니스로 연결된 인간관계를 통해 가늠된다. 여기서 자연스러운 행동은 금물이다. 그보다는 연극을 하듯 진짜 감정은 숨기고 '포커페이스'를 유지하는 편이 도움이 된다.

다음 인용구는 17세기 프랑스 모럴리스트인 장 드 라브뤼예르Jean de La Bruyère가 궁궐의 행동 양식을 묘사한 것이다. 이는 또한 현대 비즈니스 세계가 요구하는 능력과도 맞닿아 있다.

 궁궐문화를 좀 아는 사람이라면 제스처와 눈동자, 그리고 표정을 자유자재로 다룰 줄 안다. 그는 생각이 깊고 쉽사리 속을 내보이지 않는다. 그는 자신의 악한 의도를 숨기며, 적에게 미소를 날린다. 또한 화를 조절하고, 고통을 숨기며, 자기 심장을 배반하고 자기감정을 거스르는 행동을 한다.

장 드 라브뤼예르, 《사람은 가지가지》, 1687.

오늘날 비즈니스 세계의 사람들은 대부분 커튼 뒤에서 전쟁을 벌이지만, 기업의 총수들은 자신의 권력을 증명하는 행동을 통해 자신의 지위를 확고히 한다. 한 기업의 총수가 너무 오랫동안 사람들의 눈앞에 나타나지 않거나 소식이 들리지 않는 것은 위험하다. 그들은 권력을 가진 것만으로는 충분치 않다. 그들은 시시때때로 그 권력을 표현해야만 한다. 그런데 권력을 어떻게 증명하고 행사하는가는 비즈니스 세계가 고민하는 큰 숙제 중 하나다. 많은 재계 지도자가 '기관의 혁신' 같은 거창한 단어를 들고 대중 앞에 나타나는 이유다. 만방에 무언가를 공표해야 한다는 강박은 어느새 공공기관장들 사이에서도 관행화되는 분위기다.

이 와중에 기업 경영법이나 리더십을 가르치는 다양한 교육 프로그램이 엄청난 인기를 얻고 있다. 기업 컨설턴트들은 더 이상 군대식 지휘명령의 전통을 따르지 않는다. 그보다는 좀 더 부드러운 가치에 집중하는데, 예를 들어 교감 능력의 향상이나 직원 관리, 혹은 새로운 경영기법 등이 자주 거론되는 주제다. 오늘날 비즈니스 세계와 인사과의 행동을 사로잡은 명제는 '좀 더 훌륭한 매너'다.

80년대 말부터 인터넷 사용자가 폭발적으로 늘어나면서 인터넷 세계에서도 적절한 매너가 필요해졌고, 이메일을 쓰거나 온라인상 토론에서 지켜야 할 이른바 '네티켓Netiquette'이 만들어졌다. 네티켓의 기본은 다른 사람이 보는 앞에서 하지 못할 말은 온라인 공간에서도 쓰면 안 된다는 데 있다. 또한 정중하고 호의적인 태도를 갖출 것과 온라인상이라고 다른 사람을 욕하거나 잘못된 정보나 해석을 퍼뜨려선 안 된다는 점이 강조된다. 그리고 무엇보다 상대가 공격적으로 느낄 만한 말을 해선 안 된다.

채팅할 땐 원래의 주제를 벗어나선 안 되며 사실과 무관한 감상이나 광고, 스팸 등으로 토론의 본질을 흐려서도 안 된다.

네티켓은 태양왕 시대의 베르사유가 그러했듯 자제력을 요구한다. 그것을 지켜야 어떤 배타적 공간으로 들어갈 수 있다는 점에서 네티켓은 에티켓의 본래 의미를 떠올리게 한다. 네티켓의 경우, 그 공간이 인터넷상에 차려져 있다는 점이 다를 뿐이다. 네티켓과 관련해서는 책이 여러 권 나오기도 했지만 일반적으로 네티켓을 정하는 것은 작가가 아니라 전 세계 인터넷 이용자라는 거대한 집단이다. 이 점에서 네티켓은 매너의 보편적 기초를 상징적으로 보여준다. 무리를 지어 사는 동물인 인간에게는 규칙이 필요하고 규칙이 없다면 모두가 힘을 합쳐 만들어낸다.

하지만 인터넷은 전광석화와 같은 속도로 발달했다. 그중에서도 휴대용 기기와 스마트폰의 발전을 통해 셀 수 없이 많은 새로운 애플리케이션이 소통의 도구로 등장했다. 현재의 네티켓은 이러한 성장 속도를 따라잡기에 역부족이다. 새로운 애플리케이션이 출시되자마자 어떤 사람들은, 다른 사람을 모욕하고 따돌리고 비방하는 도구로 활용한다. 실명을 사용하기도 하지만 익명의 탈 아래 자신을 감추기도 하고 심지어는 자신의 IP주소를 숨기기도 한다. 유럽식 예의범절의 최초 조정자인 에라스무스 폰 로테르담도 네티켓을 어찌해보란 요구 앞에 선 무릎을 꿇었을 것이다. 네티켓은 소셜미디어의 폭발적인 인기를 타고 인터넷 공간 구석구석으로 퍼져나간 공격성을 제어할 능력을 상실했다.

결혼생활 속 공격성

오늘날 사람들은 기사도라고 하면 여자에 대한 남자들의 정중한 태도를 규정하는 규칙을 떠올린다. 하지만 11세기 기사들이 여자를 대했던 태도를 배려라고 부를 수는 없을 것 같다. 기사들에게 여자라고 함은 일단은 하녀를 뜻했고 그다음은 성적 즐거움의 원천을 뜻하는 말이었다.

여자를 마구잡이로 때리는 폭력이 일상처럼 벌어졌다. 중세에 결혼한 여자들은 끊임없이 맞았고 농가는 물론 귀족 가문에서도 체벌은 드문 일이 아니었다. 여자를 때리는 대표적인 명분이 '잘못된 행실'에 있었다는 사실은 무척이나 역설적으로 들린다. 행실이 잘못됐다는 것은 달리 말해 그 여자가 남편에게 순종하지 않았다는 뜻이다. 중세적 관점에서 한 남자의 용감무쌍함과 남성성은 자기 아내를 마음대로 휘두르고 억압하는 것으로 표현되었다. 반대로 아내가 '불손하다'는 것은 남편의 체면을 떨어뜨리고 공개적으로 망신을 주는 행위였다.

체면이 상하지 않으려면 남자들은 이른바 '남자답게' 처신해야 했는데, 그 말인즉슨 공격적으로 행동한다는 뜻이었다. 중세 기사였던 조프루아 드 라 투르 란드리 Geoffroy de la Tour Landry는 1371년 세 딸에게 주는 지침서를 통해 아내이자 어머니로서 딸들이 어떻게 행동해야 할지를 가르쳤다. 그의 지침을 통해 확연하게 알 수 있는 한 가지는, 남편과 아내의 관계를 유지하는 것에 있어서 사랑은 아무런 역할도 하지 못한다는 것이다. 남편이 부당하고 폭력적으로 행동할 때조차도 아내는 남편에게 순종하고 그를 만족시키기 위해 노력해야만 했다. 란드리는 딸들에게 기사들이 '불손한' 아내를 바로잡는 방법의 하나에 대해 다음과 같이 설명했다.

남편은 아내를 바닥에 눕혀 놓고 주먹으로 때린 다음, 발로 얼굴을 걷어차서 코를 부러뜨렸다. 완전히 일그러진 얼굴을 다른 사람들에게 보여줄 때, 그중에서도 형태를 잃은 코를 보여줄 때 아내가 수치심을 느끼도록 만들어야 했기 때문이다. 그렇게 해야 아내는 남편에게 복종하고 주인으로 떠받들며 마지막 한마디까지 흘려듣지 않는 법이다.

세 딸을 둔 이 기사는 다른 사람들이 보는 앞에서 아내는 무엇보다 고분고분하게 굴어야 한다고 강조했다. 남편과 둘만 있을 때는 '좀 더 편하게' 자기 의견을 말해도 된다는 게 란드리의 의견이었다. 하지만 모든 예법서가 이렇게 완강했던 것은 아니다. 1350년경 쓰인 어떤 예법서에는 아버지가 아들에게 아내를 때리지 말라고 충고하는 구절이 나온다. 그렇게 하면 아내가 남편을 두려워만 한다는 이유에서였다.

 어떤 면에서는 그녀가 너의 하수인이지만, 다른 면에서는 너의 동반자이기도 하다. 그러니 나는 아내를 때리지 말라고 조언하고 싶다. 손찌검을 통해 네가 얻을 수 있는 것은 아내가 너를 무서워하게 만드는 것뿐이다. 아들아, 너의 여자를 사랑으로 다스려라. 그리고 좋은 말로 너의 회초리를 삼아라. 또한 너의 여자에게 욕지거리하거나 자존심을 상하게 하는 말로 모욕을 주지 말라. 너와 같은 침대를 쓰는 누군가를 욕하는 것은 너 자신을 수치스럽게 하는 일이다. 네가 네 아내를 수치스럽게 한다면, 다른 사람도 같은 방식으로 그녀를 대할 것이다.

램버스 궁전 도서관에 보관된 편지, 1350년경.

공격성

당연히 관청에서도 여자를 대상으로 한 폭력에 뜨뜻미지근한 반응을 보였다. 예를 들어, 16세기에 한 여자가 자신을 때린다는 이유로 약혼자와의 결혼을 거부했다. 법정에서 그 남자는 자신이 폭력을 행사한 이유를 밝히길, 미래의 아내가 결혼생활을 잘할 수 있도록 순종하는 성향을 키워주기 위해서라고 했다. 법원은 파혼을 선고하긴 했지만, 결혼 약속을 파기한 죄를 물어 여자에게 벌금을 부과했다. 16세기까지 남편의 폭력성은 결혼생활에 필수 요소로 여겨졌다. 그리고 서양의 예법서들은 그 폭력성의 발현을 막기 위해서는 아내가 유순해야 한다고 강조했다.

사회 곳곳에서 일어난 개혁도 폭력으로 얼룩진 결혼생활을 바꾸진 못했다. 자신의 보금자리 안에서 아내는 남편에게 맞아야 했고, 아이들도 회초리로 키워졌다. 17세기부터 유럽 대륙, 특히 네덜란드에서 아내를 학대하는 일이 큰 사회적 문제로 대두되기 시작했다.

하지만 영국에서는 상황이 달랐다. 영국에서는 계속해서 아내의 잘못된 행실에 대한 몽둥이질이 합리화되었다. 모세스 바우츠Moses A. Vauts라는 이가 1650년 쓴 책에는 "못된 아내를 때리는 일이 훌륭한 남편에게 적합한 일인가를 두고 열띤 토론이 벌어졌다"고 나와 있다. 바우츠는 이 문제를 두고 아내가 자신의 역할에 어울리지 않는 행동을 할 경우에는 남편이 폭력으로 바로잡는 것을 허용해야 한다고 설명했다. 아내는 남편의 폭력으로 상처가 좀 났다고 남편을 나무라거나 불평할 수 없었다. 온순하고 양심적인 남편이 자기 평판에 흠집이 날 것을 알면서도 가문 전체를 위해 고역을 감수한 것이기 때문이었다.

18세기 중반까지도 영국 법원은 아내가 잘못된 행동을 할 경우, 남편이 매질할 수 있는 권리를 명시적으로 허용했다. 남자들에게 요구된 것은 그저 "아내를 때릴 때 하인이나 자식을 때리는 것과 같은 정도로만 하라"는 것뿐이었다.

현대에 들어와선 많은 것이 달라졌다. 여자의 사회적 위상도 예전과는 많이 달라졌다. 그런데도 가정폭력에 관련한 사건은 끊이질 않는다. 여타의 폭력에 대응하는 방식과 달리, 가정폭력에 대해서는 사회가 입을 다무는 경향이 있기 때문이다. 집은 길거리와 다르다. 공개된 공간에서는 폭력을 진압하는 경찰의 엄한 대응이 정당한 것으로 취급된다. 하지만 사적인 공간에 공권력이 개입하기란 여간 까다로운 일이 아니다.

성생활

인간은 짝짓기 기간이 따로 없는 유일한 동물이다.
문제는 바로 이것 때문에 생겨났다.

네 남편과 남편의 가까운 혈육들에겐 사랑스럽고 신실하게 행동하라. 하지만 그 외의 모든 남자들로부터 일정한 거리를 지켜라. 누구보다 허세에 가득차 빈둥대는 젊은 남자들을 조심하라. 그들은 그저 그렇게 살 뿐, 국가에도 혈통에도 신경 쓰지 않고, 나중엔 춤꾼이나 될 인사들이다. 높은 주군을 모시는 귀족들과의 연락도 삼가라. 중요한 임무를 맡은 남자나 여자들과 어울려서 그들을 사소한 연애사에 끌어들이지 마라.

《르 메르지나 드 파리스》, 1392~1394.

성생활의 영역에서 행동 규범은 장구한 역사를 갖

고 있다. 다른 동물들과 달리 인간은 일 년 내내 짝짓기가 가능하다. 수없이 많은 문화적 수단으로 규제받아 마땅한 대상이었다. 사람들은 가능한 한 노골적인 성적 신호를 차단하려 애썼다. 예컨대, 어떤 방식으로든 하체를 옷으로 가리는 풍습은 그런 노력이 발휘된 가장 오래된 증거다. 직립보행을 하게 된 이후 인간은 생식기를 드러내지 않고 다른 인간에게 접근하는 일이 불가능해졌다. 그래서 시각적 자극을 차단하기 위한 용도로 의복이 발달한 것이다.

중세의 예의범절은 여자들의 튀는 행동을 강압적으로 금지하는 데 초점이 맞춰졌다. 반면 남자들의 충동적인 행동에 대한 통제는 미미했다. 기사들의 행동은 전혀 기사답지 않았다. 그들에게 여자는 육체적 욕망을 해소하는 수단이었기 때문에 강간과 납치가 흔하게 일어났다.

마리 드 샹파뉴 궁전에 살았던 안드레아스 카펠라누스Andreas Capellanus는 1187년 《사랑에 대하여》란 책에서 기사의 연애 규칙을 열거했다. 이 책은 발터란 이름의 젊은 남자가 연애에 관한 조언을 구하고 카펠라누스가 답을 하는 형식으로 구성돼 있다.

카펠라누스는 처음부터 모든 여자를 소중하게 대할 필요는 없다고 단정한다. 존중할 대상은 상류층 여자로 충분하다. 그보다 낮은 계층의 여자들에게 로맨틱하고 신실한 감정을 허비할 필요는 없다. 그런 여자들은 그저 육체적인 즐거움을 취하기 위한 대상이었다.

 우연히 농가에서 일하는 여자에게 반하거든 일단 칭찬부터 시작하라. 그러다 적당한 장소를 찾으면 망설이지 말고 네가 갈망하는 것을 취해라. 필요하다면 폭력을 사용해서라도 그녀를 안아라. 여자의 수줍음을 치료하는 수단으로 약간의 폭력을 쓰지 않을 경우, 그녀의 고집을 꺾는 것이 쉽지 않을 것이다. 그러면 그녀는 안을 때 조용히 있지 않을 것이며, 네가 욕망을 충족시키도록 허락하지도 않을 것이다. 우리는 네게 그런 여인과 사랑에 빠지라고 하는 말이 아니다. 막상 그런 상황이 닥치면 부주의하게 행동하기 쉬우니 무엇을 해야 할지 알려주는 것이다.

안드레아스 카펠라누스, 《사랑에 대하여》, 1187.

애초에 기사 한 명에겐 지체 높은 여자 하나면 충분했다. 하지만 상류층 여자를 둘러싼 경쟁이 살인과 폭행으로 이어지면서 사람들은 여자를 모든 불행의 근원으로 보기 시작했다. 귀족 가문 아가씨들은 엄격하게 감시되었고, 때에 따라서는 결혼이 성사될 때까지 성안의 금남의 구역에 감금되기도 했다. 그 구역에 들어갈 수 있는 유일한 인물은 성주였으며 그 외에도 성주가 선택한 몇몇 남자들의 출입이 허가되었다. 그들은 방에 갇힌 아가씨들이 너무 지루해하지 않도록 책을 낭독하고 민요를 불러주었다.

중세사회에서 여자들은 기사들을 위해 준비된 상이었다. 기사들은 결혼을 통해 성의 주인이 될 수도 있었다. 두 가문이 결혼을 두고 협상을 시작해 합의를 이루면 결혼 당사자들이 승인하는 것으로 절차가 진행되었다.

 신랑과 그의 친구 혹은 증인, 그리고 신부 들러리는 교회 안에서 기다려야 한다. 신부의 아버지는 딸의 팔짱을 끼고 제단까지 인도한다. 교회 관리인의 지시에 따라 어느 지점에 신부 들러리가 신부를 기다리고, 신랑도 정해진 자리에 선다. 신부가 제단에 서기 전에 신랑 친구가 알아서 성직자들과 관리인, 그리고 교회 하인들에게 각각 지급해야 할 돈을 나누어주는 것이 좋다. 그래야 나중에 우왕좌왕하는 것을 막을 수 있다.

제인 아스터, 《상류사회의 습관》, 1859.

　　　　　　　　　　　　　　성생활

오늘날까지 전해지는 결혼과 관련된 풍습은 결혼을 하나의 거래로 생각했던 의도를 드러낸다. 딸을 사위에게 '넘겨주고', 장인으로부터 아내를 '넘겨받는' 것은 중세의 유물이다. 당시에 결혼이란 딸을 다른 남자의 소유물로 이전하는 절차였다. 이러한 교환 혹은 이전 절차는 신랑과 신부의 손이 포개지는 것으로 성사되었다. 오늘날 서양 사람들은 인도의 강제 결혼을 생경하게 받아들이지만, 한때 유럽 전역에도 그런 관행이 널리 퍼져 있었다. 그런 역사적 배경이 결혼식의 몇몇 상징들로 남아 오늘날까지 전해지고 있다.

중세 중반에는 모든 결혼 절차가 물 흐르듯이 성사되진 않았다. 아버지가 구혼자에게 딸을 주는 것을 거부할 수도 있었다. 구혼자의 신분이 높더라도 마찬가지였다. 11세기 말 무렵 힐두인Hilduin 공작은 딸을 달라는 풀크Fulk라는 귀족의 청을 거절했다. 그러자 풀크는 매복하고 있다가 힐두인을 붙잡아서 딸을 줘야 풀어준다고 겁박했다. 결국 공작은 결혼을 승낙한 다음에야 많은 선물을 받고 안전하게 귀가할 수 있었다. 이 이야기를 통해 우리는 중세 사람들의 충동적 성향을 다시 한 번 확인할 수 있다. 이처럼 거칠게 일을 처리하는 방식은 순식간에 사회 전체로 퍼졌다.

교회가 결혼에 개입하기 시작한 것은 12세기 초

부터다. 그때부터 결혼은 예배로 시작했고 성혼 선포, 입맞춤, 반지 교환 등의 순서를 목사가 주관했다. 반지는 반드시 왼손 약지에 끼게 돼 있었는데, 당시 사람들은 그 손가락이 심장과 직접 연결돼 있다고 믿었기 때문이다. 마지막으로 결혼한 부부가 동침함으로써 정혼 관계는 법적 효력을 지니는 혼인 관계가 되었다.

중세와 근대에는 신혼부부의 사적인 공간이 전혀 인정받지 못했다. 오히려 그 반대였다. 첫날밤의 즐거움이 온 동네에 중계되도록 그들의 침대는 의전에 맞춰 공개된 장소에 놓였다. 친구와 친지들은 침실까지 따라 들어가 배려한답시고 신혼부부에게 야한 농담과 알 수 없는 제스처를 퍼부었다. 브레멘 지방의 한 길드에서는 전문가들이 신부의 처녀성을 먼저 확인하는 관례가 있었다. 신랑은 이 확인 절차를 위해 전문가들에게 사례했다. 그리고 친구와 친지들은 끝까지 문 뒤에 서서 첫날밤이 순서대로 잘 치러지는지를 엿들었다.

문 뒤에 선 사람들 모두의 관심사는 이번 혼인에서 얼마나 많은 자녀가 생산될 것이냐에 집중됐다. 이를 둘러싼 친구와 친지들의 대화는 종종 신혼부부의 뜨거운 밤을 방해했다. 그리고 다음 날 아침 또한 공개적으로 의전에 따라 진행됐다. 신랑은 신부에게 '아침 선물Morgengabe'을 줬는데, 신부의 순결을 취한 데 대한 보상

성생활

격이었다. 그동안 친척들은 신부의 처녀성이 깨진 흔적을 찾아 침대를 뒤졌다.

하지만 칼 1세 시대였던 17세기에 들어서자 영국에서는 다른 사람들이 첫날밤에 간섭하는 것이 이상하다는 인식이 생겨났다. 18세기 중엽부터는 결혼식 축하연에 시시콜콜 간섭하는 일이 사라졌고, 18세기 말부터는 신혼부부의 사적 공간이 존중받기 시작해 '허니문 기간'이란 개념까지 생겨났다.

중세엔 결혼식을 치른 날 밤에는 신부나 신랑 집 앞에서 시끄러운 음악회가 벌어지기도 했다. 사람들은 냄비와 뚜껑을 맞부딪쳐 시끄러운 소리를 냈다. 사기그릇을 깨뜨리는 의식도 행복한 결혼을 기원하는 중요한 의식이었다. "깨진 그릇이 행운을 가져온다"는 오래된 미신 때문이었다.

잠자리에서도 매너가!

 자신의 욕망을 충족시키느라 흥분해서 아내와 성교를 하는 남편에게 죄가 있다.

장 베네딕트Jean Benedicti, 《죄와 그 해결책 모음》, 1584.

시대를 막론하고 신학자들은 성생활과 관련된 문제를 적극적으로 다뤘으며, 프랑스 신부인 장 베네딕트도 마찬가지였다. 그러나 결혼상담가로서 큰 성공을 거두진 못했다. 베네딕트는 교회의 아버지로 불리는 성 아우구스티누스Augustinus의 가르침을 따랐는데, 아우구스티누스는 혼인 후에 자녀를 낳기 위해 하는 성생활은 죄가 되지 않는다고 해석한 인물이었다. 여기에 베네딕트는 부부끼리 성관계라 하더라도 격정이 수반돼선 안 된다는 점을 덧붙였다. 결혼한 부부 사이의 성관계도 부끄러워해야 마땅하다는 것은 아우구스티누스의 견해와도 크게 다르지 않다.

남편은 대를 잇기 위한 씨를 뿌리고 아내는 그 씨를 받아 담는다. (…) 그러므로 생식기는 의지에 따라 움직여야 한다. 욕망이 생식기를 일으켜 세워선 안 된다. (…) 불순종의 죄와 타락의 형벌 앞에 사람의 생식기를 성적 욕망 없이 오로지 인간의 의지에 의해 움직일 수 있다는 사실을 믿을 수 없도록 방해하는 것이 무엇이냐?

아우구스티누스,《신국론》, 5세기.

성생활

아우구스티누스의 주장대로라면, 욕망은 자유의지와는 또 다른 죄다. 성관계에서 오는 관능적인 쾌락은 아담이 저지른 원죄로부터 비롯된 형벌이다. 아담이 죄를 짓지 않았다면 성생활 또한 쾌락으로부터 자유로웠을 것이다.

교회가 결혼을 하나의 성례로 만들긴 했어도 여전히 초기 기독교인들은 독신 생활이 결혼보다 거룩하다고 믿었다. 예수가 결혼하지 않았기 때문이다. 초기 기독교의 설교자들과 대표자들은 종교적 의식에 노골적인 성적 요소를 받아들였던 고대 그리스와 로마의 문화와 기독교를 확실하게 차별화하기 위해 애썼다. 그래서 사람들은 신흥 종교의 가르침에 따라 자유로운 성생활을 배격하고 순결에 광적으로 집착했다.

교회의 아버지가 가르친 바에 따르면, 인간은 자신의 육욕을 정복하고 굴복시키는 과정을 통해 타락에서 회복될 수 있었다. 그에게 결혼이란 번식을 위한 불가피한 죄악이었다. 그러므로 번식 활동이 동반한 쾌락은 최대한 배제하는 것이 마땅했다. 390년 카르타고에서 열린 공회의를 통해 이미 결혼한 성직자들은 아내를 멀리하라는 교지를 받았다.

곧이어 교회는 결혼한 부부의 성생활을 제한하는 여러 가지 규율을 제정했다. 12세기 영국의 신학계는 일주일 중 성적 활동을 금지하는 요일을 정하려고 시도했다. 목요일은 그리스도가 로마 군인들에게 붙잡힌 날이라서, 토요일은 동정녀 마리아에 헌정된 날이라서, 일요일은 부활을 기념하는 날이라서, 월요일은 망자의 영혼을 기리는 날이라서 성적 활동이 금지되었다. 더불어 공휴일, 강림절, 성탄절, 부활절과 부활절 이전 40일간, 여성이 출산 날부터 40일간 그리고 생리 중에도 성교가 금지되었다. 또한 성찬식을 앞둔 사흘 전부터도 몸가짐을 삼가야 했다.

그러므로 교회의 규칙을 준수했던 부부는 거의 섹스를 하지 않았다고 봐도 무방하다. 교회는 어떻게든 이 규칙을 따르게 하려고 금지된 날에 성생활을 한 부부에게는 지옥에서도 특별한 고문실이 준비돼 있다고 가르쳤다. 납과 역청, 송진이 뒤엉켜 끈적끈적한 호수 아래를 끝없이 헤엄치는 것이 그들을 위한 형벌로 묘사됐다.

성직자들도 성행위를 규제하는 것에 우선순위를 두었다. 결혼생활에서 허용되는 체위는 단 하나, 남자가 여자 위로 올라가는 것뿐이었다. 천성적으로 남자는 적극적이고 여자는 수동적이라는 것이 교회의 입장이었기 때문이다. 모든 다른 체위는 불필요한 쾌락을 줄 수 있으므로 부자연스러운 것으로 취급되었다. 특히 '개의 자세'라고 불린 후배위는 굉장히 부도덕하고 부적절한 자

203   성생활

세로 여겨졌다. 이 자세에서 비롯된 쾌락은 죄 중에서도 최악의 죄에 속했다. 쾌락을 방지하기 위해 '슈미즈 카굴 chemise cagoule'이란 특별한 잠옷도 발명됐다. 온몸을 덮는 긴 가운 형식의 이 잠옷에는 딱 한 군데만 구멍을 뚫어놓았다. 그곳을 제외하곤 피부가 맞닿지 않게 함으로써 촉감에서 비롯된 즐거움을 성생활에서 밀어냈다. 그 외에도 알몸을 점점 더 수치스럽게 여기기 시작하면서 여러 종류의 잠옷이 유행했다.

'외설적인' 신체 부위에 입을 맞추는 것은 죄악일 뿐 아니라 섭리에도 어긋나는 일이었다. 하지만 일부 교회 지도자들은 애정의 표시에 해당할 때에 한해 구강성교를 허용했다. 그러나 어떠한 상황에서도, 그것이 혼인 관계 내에서 이뤄진다 할지라도, 격정적 성관계는 죄악이었다.

성 히에로니무스Hieronymus의 주장에 따르면, 아내를 격정적으로 사랑하는 남편은 외설을 조장하는 것이었다. 현명한 남편은 아내를 '침착하게' 사랑하는 법이었다. 감각적 쾌락은 지양돼야 마땅했다. 자신의 아내를 창부 안듯 흥분해서 끌어안는 것은 아내에 대한 최악의 모욕이었다.

17세기까지 가톨릭 국가는 물론 개신교 국가에서도 많은 성직자가 혼인 관계 내에서의 정절을 강조했다.

책임감 있는 남편은 아내를 충분히 만족시켜야만 했는데, 그래야 아내가 다른 관계에서 만족을 찾으려 하지 않는 다고 생각했기 때문이다. 하지만 동시에 남편은 너무 적극적인 성생활로 아내의 격정을 일깨우지 않도록 조절해야 했다. 아내가 성적으로 흥분하면 다른 관계를 찾는 모험을 시도할 우려가 있었기 때문이다.

결혼에 대한 교회의 충고를 어기는 사람들이 하나둘씩 생겨난 것은 어쩌면 자연스러운 일이었다. 하지만 프랑스에선 이 모든 가르침을 철저하게 지키는 '독실한 사람들'이란 집단이 생겨났다. 이들은 침실에서도 점잖게 행동해야 했기에 아내들은 종종 교회의 도덕을 핑계 삼아 성생활의 의무를 거부하곤 했다.

그래도 남편이 계속 고집을 부린다면 이 문제는 고해성사를 듣는 신부의 귀에까지 전해지고 신부가 남편을 불러 중재에 나섰다. 당시엔 침대에 같이 누운 사람이 부부 둘만이 아니었다.

성기능은 모두의 관심 주제

시간이 흐르면서 성생활은 점점 사적인 영역이 되었지만, 원래 성과 관련된 여러 주제는 꽤 공공연하게 다뤄졌었다. 예컨대, 아내가 자신의 남편과 갈라서길 원할 때, 남편의 성기능 장애는 정당한 사유로 인정받았다. 결혼의 목적이 자식 낳는 것에 있었으므로, 성기능 문제는 교회에서도 심각하게 받아들였다.

14, 15세기의 교회 재판소는 해당 남자의 성기 크기를 측정하는 것으로 이 사안을 해결했다. 성기가 작을수록 그 남자의 성기능에 장애가 있을 가능성이 크다고 판단한 것이다. 이를 위해 재판장 앞에서 매춘부들이 나와 해당 남성을 유혹했고 재판정에 모인 모두가 그 남자의 성기가 어떻게 반응하는지를 지켜봤다.

15세기 베네치아에서는 성기능 장애 소송을 당한 남자가 이를 해명하기 위해 목사와 공무원을 동반한 채 유곽을 찾기도 했다. 1677년 파리에서는 한 무리의 사람이 성불구로 지목된 후작이 자신의 성기능을 증명하려 애쓰는 모습을 지켜봤다. 후작은 자신에겐 어떠한 기능 장애도 없으나 여럿이 모여 자신에게 보내는 호기심 어린 시선이 거슬려서 능력을 증명하기 힘들다고 호소했다.

오늘날엔 더 이상 어떤 사람의 성기능을 공공연하게 측정하지 않는다. 하지만 전반적인 의미에서 남자의 정력은 꾸준히 입방아에 오르는 주제다. 발기부전 치료제의 발명으로 성기능 역사에도 새 장이 열렸다. 그 시장은 21세기 들어 폭발적으로 성장했고, 치료제는 기능 장애를 치료하는 데뿐만이 아니라 '순전한 기쁨'을 위해서도 활용됐다. 현대의 남자들에겐 골프나 정원 손질로 관심이 넘어갈 나이가 되었어도 여전히 '오래 버티는 것'이 중요한 일이다. 그리고 오래할수록 잘하는 것이라 평가 받는다.

중세엔 주거 공간이 좁은 경우가 흔했기 때문에 여러 사람이 침대 하나를 나누어 썼다. 가족들이 함께 자는 것은 물론이고 하인들이나 손님도 주인과 한 침대를 썼다. 16세기 들어서야 결혼하지 않은 남자와 여자가 유별함을 가르치는 지침서가 처음으로 등장했다.

에라스무스는 옷을 갈아입거나 침대에서 일어설 때 도덕과 자연의 섭리에 따라 가리도록 권장된 곳을 다른 사람들 눈앞에 노출하지 않도록 예의를 지켜야 한다고 썼다. 그로부터 2백 년 후 라 살은 결혼하지 않은 남자와 여자가 같은 침대에 누워선 안 된다고 가르쳤다. 동성이 같은 방에서 자는 경우에는 적어도 침대를 갈라놓아야 했다.

부부 둘이서만 침대에 누워 있을 수 있게 된 다음에도 그들의 사적인 공간은 그리 오래 허락되지 않았다. 16세기 말 영국의 청교도들은 도덕적 통제를 점점 더 늘려갔다. 통제권은 법원에 소속된 공무원들에 의해서도 행사되었지만, 이웃들 간의 상호 감시도 만만치 않았다.

사람들은 이웃집에서 일어나는 거의 모든 가족 행사에 대해 떠벌리고 다녔으며, 도덕 규율을 위반한 사례

성생활

를 찾아 법원에 신고했다. 신고 때문에 처벌되는 건수는 대부분 남편이 하녀와 바람이 났다거나 부부가 정해진 기준보다 과도하게 격정적으로 성생활을 하고 있다는 것이었다. 남편이 아내가 바람피운 것을 그냥 넘어가려고 해도 이웃이 팔을 걷고 나서서 신고서를 작성했다.

지위가 높고 부유한 가족이라면 하인들의 호기심 어린 시선에 시달려야 했다. 그들은 특히 주인집 침실에서 일어나는 일을 예의 주시했다. 귀족이 불륜으로 법정에 서게 될 경우, 증인은 대부분 그 집에서 일하는 하인들이었다. 그러니 당시엔 비밀스레 성생활을 즐길 공간이 없었다고 해도 과언이 아니다.

17세기 들어 사람들은 이 문제를 건축학적 기법으로 해결하고자 했다. 상류층 주택에 복도가 생기면서 더 이상 방을 가로지르지 않고도 다른 방으로 갈 수 있게 되었고 안주인만의 내실도 생겼다. 또한 침실을 제일 꼭대기 층에 두어 주인이 하인들의 호기심에 무방비로 노출되는 것을 막았다.

흥미롭게도 계급이 분명한 사회 구조 속에 살던 사람들은 같은 계급 혹은 자신보다 더 높은 계급의 사람 앞에서만 사적인 영역에 대해 부끄러움을 느꼈다. 자신보다 낮은 계급의 사람 앞에선 오히려 부끄러움을 모르는 것처럼 구는 것이 낮은 계급의 사람에게 일종의 총애를 베푸는 행위로 여겨졌다. 1558년 델라 카사가 쓴 바에 따르면, 특정 신체 부위는 가리고 있어야 하며 절대 노출해선 안 되지만 '부끄러움을 느끼지 않아도 되는 사람' 앞에서는 예외였다. 예를 들어, 신분이 높은 신사는 하인들이나 자신보다 신분이 낮은 친구 앞에서 특정 신체 부위를 드러낼 수 있었는데, 이는 무례라기보다는 특별한 애정과 우정의 증표였다.

왕실이나 귀족 가문의 자손들은 자러 들어가거나 자고 일어난 직후에 하인들의 인사를 받는 습관이 있었다. 이전 장에서 이미 언급했듯, 심지어 급한 용무를 해결하는 중에도 사람을 맞이했다.

하지만 실제로 이러한 행위가 총애의 증표였는지, 아니면 신분 차이를 거만하게 드러내는 방식이었는지에 대해서는 의문을 품어야 한다.

계급이 해체되고 분업의 증가로 서로 다른 집단끼리의 상호작용이 늘어나면서 부끄러움의 경계도 '민주화' 되었다. 사회적으로 높은 지위에 속한 사람도 그보다 낮은 지위의 사람 앞에서 부끄러움을 느끼게 된 것이다. 19세기 무렵 오늘날과 같은 개념의 사적인 영역이 만들어지면서, '우리집' 혹은 '사생활'은 모든 사회계층에서 같은 의미를 갖게 되었다.

그렇다면 오늘날 '높은 지위'의 사람은 누구일까?

그중엔 분명 매스컴의 관심을 받는 데서 소득을 얻는 부류가 포함된다. 스타나 대중예술인, 유명인사로 불리는 이들의 은밀한 사생활은 쉴 새 없이 공개된다. 유명인사에 대한 기사나 전기에는 일반적으로 그들의 성생활이 중요한 비중을 차지하는데, 사람들은 그 부분을 읽으려고 신문이나 책을 산다.

이제는 이웃집의 침실을 엿보는 행위가 변태적이거나 외설적이라고 생각하지만, 그래도 다른 사람의 은밀한 부분에 대한 관심이 전혀 사라진 것은 아니다. 이 점을 TV가 자극했다. 이 분야 전문가로는 미국식 토크쇼만한 게 없는데, 여기선 지극히 평범한 부부가 스튜디오의 방청객과 수많은 시청자 앞에 자신들의 성적 일탈이나 파벌에 대해 털어놓는 것이 다반사다. 전 세계적으로 인기를 얻었던 네덜란드의 프로그램 〈빅브라더big brother〉도 같은 맥락이다. 컨테이너 하나에 사람들을 몰아넣고 24시간 관찰카메라를 설치해 그들의 공동생활은 물론 은밀한 생활까지 엿보는 프로그램이다. 1999년 처음 선보인 이 프로그램은 분명히 관음증적 시선을 띠고 있었으나 예능이란 보호막 아래 아무런 제재 없이 받아들여졌다.

벗은 몸에 대한 관심도 전혀 줄어들지 않았다. 그래서 일부 리얼리티 쇼의 참가자들은 거의 옷을 입지 않은 채 등장한다. 네덜란드 리얼리티 쇼 중 하나인 〈정글의 여왕〉에는 우표만 한 비키니를 입은 젊은 여자들이 이국적인 환경에서 서바이벌 경쟁을 벌인다. 네덜란드의 또 다른 TV 프로그램인 〈아담이 이브를 찾습니다〉에서는 관음증의 극치를 경험할 수 있다. 태평양의 한 섬에 모인 싱글 남녀가 완전히 벗은 채로 짝을 찾아가는 내용인데, 제삼자가 나타나 중심인물의 마음을 사로잡기 위해 알몸으로 구애를 벌이는 부분이 이 쇼의 절정이다. 미국에도 〈데이팅 네이키드Dating Naked〉란 유사 프로그램이 있다. 다만 미국식 청교도주의에 입각해 방송된 화면에선 성기와 가슴, 항문 등이 모자이크 처리되었다.

침실 밖의 성생활

 다른 사람이 보는 앞에서 옷을 벗거나 침대에 누워서는 안 된다. 자신과 결혼한 이성을 제외하고선, 이성이 있을 땐 침대로 가선 안 된다. 이성과 한 침대에 눕는 것 또한 허용되지 않는다. 그 이성이 아주 어린아이거나 (…) 혹은 여행을 가서 다른 사람과 침대를 나눠 써야 하는 일이 불가피할 때에만 어쩔 수 없이 허용된다. 하지만 이 경우에도 너무 가까이 누워서 상대를 귀찮게 하거나 상대와 신체의 일부가 닿아선 안 된다. 더군다나 자

기 다리를 다른 사람의 다리 사이에 놓는 것은 아
주 부적절한 행동이다.

장 밥티스타 드 라 살, 《예법과 기독교 사회의 규칙》, 1729.

중세의 성도덕이 순결한 사생활을 의미한 것은 아
니다. 그저 정해진 사회적 관습을 따르고 공공연한 추문
을 피하면 끝이었다. 당시에도 혼전 관계나 불륜은 다반
사였다. 남의 눈에 띄지 않는 선에서 즐거움을 찾을 길은
얼마든지 열려 있었다.

기사들에게 진실한 사랑이란 오히려 결혼 밖에서
만 가능한 것이었다. 안드레아스 카펠라누스가 쓴 《사랑
에 대하여》에서는 다른 사람의 연인관계를 깨거나 결혼
하고 싶지 않은 상대를 애인으로 고르는 것은 적절하지
않다고 강조하고 있긴 하지만, 기사들이 생각하는 사랑에
결혼은 포함되지 않았다.

카펠라누스 또한 결혼한 부부라고 해서 실제로 서
로를 사랑할 필요는 없다고 주장했다. 그러므로 결혼했다
고 해서 다른 사람을 사랑하지 않을 이유도 없었다. 카펠
라누스가 명시적으로 혼외관계를 장려한 것은 아니다. 하
지만 당시 분위기상 결혼 여부와 상관없이 이성에게 추
파 정도는 던질 수 있어야 제대로 된 기사로 인정받았다.

하지만 실제로 기사가 자신의 욕망을 자유롭게 해소할 기회는 많지 않았다. 귀족계층의 여자들 중에서도 아직 결혼을 하지 않은 여자들은 추문에 휘말릴 수 있다는 두려움 때문에 엄격한 감시를 받았다. 공식 연회에 참가해서도 여자 수행원과 함께했다. 출발부터 귀가까지 수행원이 그 곁에 있었고, 오가는 길에 타는 마차도 문이 굳게 잠겨 있었다. 남편들은 누군가가 자신의 아내를 유혹할지 모른다는 걱정을 달고 살았다.

로베르 드 블루아Robert de Blois는 13세기《숙녀를 위한 조언》이란 예법서를 통해 낯선 남자들을 허물없이 대하지 말라고 조언했다. 그는 오직 결혼한 남편만이 그 아내를 '안을 수 있다'고 강조했다.

반면, 결혼한 남편이 다른 여자를 허물없이 대하는 행위는 지극히 남성 중심적 시각에서 평가되었다. 기사였던 드 라 투르 란드리의 주장에 따르면, 남편이 그런 기회를 가졌다고 해서 아내가 질투하는 것은 적절치 않았다. 예의 바른 여자가 취할 수 있는 선택지 중에 분노나 자존심을 위한 자리는 없었다. 또 다른 중세의 예법서들도 아내가 질투하거나 남편의 부정에 관해 캐물어서는 안 된다고 강조했다. 몇몇 지침서들에 따르면, 질투심을 숨겨야 하는 건 남편도 마찬가지였다.

성생활

질투가 나더라도 네 아내가 그 사실을 알지 못하도록 해라. 질투를 들키는 것은 가장 어리석은 짓이다. 네 아내가 눈치챘다면 어떻게든 질투심을 북돋우려고 애쓸 것이다. 그러니 내 아들아, 네 아내를 대하는 이성적 태도를 터득하여라.

람베스 궁전 도서관의 글, 1350년경.

중세의 보통 사람들은 자신의 성생활을 아무 거리낌 없이 공개했다. 동네 안에서도 자유롭게 성적 관계를 맺었고 또한 이에 대해 공공연하게 이야기했다. 어떤 남자들은 대놓고 첩을 두기도 했다. 오히려 정숙한 행실이 비웃음거리였다. 이 시대의 희극에는 종종 성직자들이 최악의 풍기문란 죄를 범하는 것으로 묘사된다. 성생활에 대한 성직자들의 가르침이 오히려 일반적인 풍속을 해친다는 것이 보통 사람들의 견해였기 때문이다.

여자는 다른 남자가 가슴을 애무하도록 허락해선 안 된다. 가슴은 오직 남편에게만 허락된다. 입술도 마찬가지다. 남자는 구애가 받아들여졌다고 떠벌려선 안 된다. 앞으로 어떻게 될지는 아무도 모를 일이기 때문이다. 깊게 파인 드레스를 입거나 엉덩이를 흔들면서 걷는 것은 바람직하지 못하다.

성직자들에 의해 만들어진 이러한 규칙들은 중세의 실제 생활의 근처에도 가지 못했다. 당시엔 남자가 이제 막 알게 된 여자의 가슴을 만지는 일이 매우 흔했다. 가슴을 만지는 것은 그녀가 마음에 든다는 표시였다. 르네상스 시대의 예법서에는 여자들에게 낯선 남자가 가슴을 너무 세게 쥐지 못하게 말리라는 경고가 나온다. 그렇게 하지 않으면 남자가 너무 거리낌없이 생각하고 무작정 들이댈 수도 있다는 이유에서였다.

중세의 거칠 것 없는 성생활을 그대로 보여주는 현장은 바로 공중목욕탕이었다. 거기선 남녀가 온종일 함께 보낼 수 있었다. 중세엔 "임신하지 못하는 여자에겐 공중목욕탕이 최고다. 목욕탕이 하는 게 아니라, 손님들이 한다"란 말이 널리 회자됐다. 목욕탕은 매춘의 기회를 제공하기도 했지만, 아무도 이를 비난하지 않았다.

목욕 문화는 모든 계층의 사랑을 받았다. 심지어 아이들도 출입할 수 있었다. 중세의 예법서나 연대기에 여섯 살 아이가 창부에게 돈을 탕진하지 않도록 제지하라는 지침이 등장할 정도다. 에라스무스의 책에도 아이들은 매춘으로부터 보호돼야 한다는 내용이 나온다.

중세 예법서의 지침들은 어조는 엄중하지만 그 내

성생활

용은 노골적이고 직설적이기 그지없었다. 그중에서도 13세기 영국에서 출간된 《문명인을 위한 책》이 대표적이다.

 네가 젊어서 갑자기 엄습한 육욕 때문에 성기가 너를 사창가 쪽으로 이끌거든 익숙한 매춘부를 찾아가지 마라. 되도록 빨리 신속하게 고환을 비워라.

16세기까지만 해도 사창가를 찾는 것이 크게 비난받을 일은 아니었다. 하지만 나이가 지긋하고 돈이 많은 남자에겐 부적절한 행동으로 여겨졌다. 유곽은 결혼할 가능성이 없는 젊은 남자들을 위한 장소였기 때문이다. 이미 어느 정도 부를 갖춘 중년의 남자들은 그 대신 젊은 아내를 얻을 수 있었다.

나이가 많은 남자가 자주 유곽을 찾으면 포주는 그를 정부 기관에 신고했다. 이는 세대 간 갈등을 방지하는 나름의 방식이었다. 이런 식으로 젊고 가진 것 없는 남자들에게 동정을 베푼 것이다. 16세기엔 혈기왕성한 젊은 남자들이 저지른 강간 사건도 비일비재했다.

개혁을 통해 16세기 무렵부터 예의 바른 행동에 대한 새로운 기준이 생겨났다. 제일 먼저 영국과 스위스의 풍속이 변했다. 부정한 남편이나 아내를 공개적으로 벌하기 위한 다양한 방법이 만들어졌다. 예를 들어, 스위스 바젤에서는 불륜 행각이 발각되면 도시에서 추방당했다. 영국에서는 17세기 중반까지 불륜현장이란 의심이 든다면 개인 집이라 하더라도 쳐들어갈 수 있는 권한이 단속을 맡은 공무원들에게 있었다.

부부나 연인관계에서 부정을 저지른 쪽이 비난의 화살을 피할 수 없기는 오늘날도 마찬가지다. 히피 문화가 대세를 이뤘던 60년대에 자유주의가 각광을 받기도 했지만, 현재는 자유연애 옹호자가 극히 드물다. 타블로이드 신문의 연애 박사들이 부수를 좀 팔아보고자 종종 불륜 옹호론을 펼치기도 하지만, 그래도 이혼 사유 1위는 여전히 배우자의 부정이다.

TV에선 불륜에 대한 이중 잣대를 보여주는 변태적인 형식을 볼 수 있다. 〈템테이션 아일랜드Temptation Island〉라는 인기 시리즈는 여러 쌍의 연인들을 호화로운 휴가지로 초대한 다음, 각자의 연인을 포함한 다른 이성들 앞에서 서로 매력을 발산할 기회를 준다. 그중 누가 먼저 유혹에 백기를 들 것이냐 혹은 누가 먼저 과감하게 상대를 배신할 것이냐를 두고 시청자를 긴장하게 만든다.

알고 보면 빈약한 귀족들의 성생활

17, 18세기의 귀족 부부는 궁정의 다른 사람들 앞에서 그들이 속한 가문과 혈통을 대표했다. 궁정 귀족들 사이에서 가정사란 크게 두 갈래로 나뉘었다. 귀족들은 서로 사랑해서 결혼하거나 아니면 정략적으로 결혼했다. 서로 신의를 다하거나 혹은 애초에 신뢰 따윈 안중에도 없었다. 그러나 귀족들의 사생활은 절대 외부로 드러나지 않았다. 부부에게 사생활 노출은 금기에 가까웠다.

태양왕 시대에 들어서자 부부간의 정신적, 육체적 사랑은 이론화된 열정이 되었다. 비장한 언어와 격식을 갖춘 맹세, 예의범절, 격정적인 편지가 곧 사랑이라고 믿었다.

반면, 성생활은 보수적이고 냉랭하고 점잖았다. 1715년 루이 14세가 죽자 엄격했던 궁중 예절의 고삐가 다소 느슨해졌다. 더불어 성생활도 조금 개방되었다. 그러나 여전히 요란한 예의범절과 귀족적 '문명화'란 가운을 길게 차려입은 채였다.

로코코 시대는 정신과 이성, 교태를 동시에 사랑했다. 한 이탈리아 여자가 얼음을 우적우적 씹어먹으며 이것은 '죄'가 아니라고 주장했다는 일화는 로코코 시대의 변화상을 단적으로 드러낸다. 점잖은 사람들은 여전히 자신의 격정을 드러내는 것이 부적절하다고 여겼다. 정신의 부족을 드러내는 행위라고 생각했기 때문이다.

하지만 다른 한편으로는 육체적 쾌락과 감각적 환희가 긍정적으로 평가됐다. 반면, 가족이나 진실한 사랑을 떠올리게 하는 것은 무엇이든지 김빠지고 재미없는 것으로 취급됐다.

결혼에서 신의를 기대하는 사람은 아무도 없었다. 오를레앙의 공녀는 남편의 정부에게 화를 냈는데, 남편이 불륜을 저질렀기 때문이 아니라 정부가 자신의 요강을 사용했다는 데 분노의 이유가 있었다. 당연하게 받아들여져야 할 것들은 모두 자극적인 호기심으로 해석됐다. 결혼한 아내가 애인이 없다면 그건 불감증의 증거였고, 남편이 애인이 없다면 성불구자란 뜻이었다.

전반적으로 사람들은 도덕 규율을 상관치 않았다. 귀족들 역시 가정과 연관된 기준들을 아무 거리낌없이 위반했다. 파리에서 제일 잘나가던 유곽을 소유했던 유스틴 파리스Justine Paris는 1750년 새 업소인 '호텔 뒤 롤'을 열면서 다음과 같이 주장했다. "귀족들이 요새 모이면 하는 말이 어떤 상류사회건 간에 관심사는 그것 한 가지며, 외국인들이 파리를 찾는 이유도 그것 한 가지라고 한다. 그것은 바로 사랑할 권리를 살 수 있다는 것."

프랑스나 이탈리아에서도 공식적으로 정부를 두

는 관례가 되었다. 귀족 남자가 방문하는 곳마다 정부가 동행했는데, 무도회는 물론이고 하물며 교회까지 같이 갔다. 예의범절의 대가인 에라스무스 폰 로테르담은 정부를 두는 것은 변변찮은 심성의 소유자라는 약점을 드러내는 것일 뿐이라고 주장했다. 그러나 당시의 규정은 그 반대였다. 혼외정사가 추문으로 여겨지지 않았고, 그 관계에서 아이가 생기면 남편이 양육비를 지급하도록 하는 규정까지 있었다.

지금도 남유럽, 특히 프랑스는 북유럽이나 영국보다 정부의 존재에 관대한 편이다. 지위가 높은 사람에 관해서도 마찬가지다. 프랑수아 미테랑François Mitterand 프랑스 전 대통령의 장례식에는 그의 정부와 혼외에서 낳은 딸이 참석했다. 같은 일이 영국에서 벌어졌다면 일간지 1면에 대서특필되고도 남을 일이었다. 하지만 정작 국장이 치러지는 동안 관심은 다른 쪽에 쏠렸다.

사실 프랑스인의 입장에서 미테랑 전 대통령의 혼외관계는 뉴스도 아니었으며 크게 주목할 만한 일도 아니었다. 비록 그 일을 빌 클린턴Bill Clinton과 모니카 르윈스키Monica Lewinsky 사이에 있었던 일과 비교하기엔 무리가 있었지만, 그래도 유명인사의 불륜에 관한 미국인들의 관음증적 태도와는 극단적인 대조를 보인 프랑스인의 덤덤한 반응은 적잖은 화제를 모았다.

물론 18세기의 성생활이 불륜이나 일탈을 통해서만 이뤄졌던 것은 아니다. 정상적인 결혼생활과 연애도 존재했으며, 이른바 '플라토닉 러브Platonic love'도 흔했다. 중세에 연애시가 유행하면서 낭만적 사랑의 가치가 재발견되었기 때문이다.

문화역사가 로렌스 스톤Lawrence Stone은 낭만주의 시대에는 인간의 본성이 예술을 모방했다는 점을 발견했다. 중세 사람들이 만들어낸 낭만적인 장면이 다시 사람들의 행동에 투영되었다는 것이다.

18세기 중반 유럽에서 낭만적인 사랑에 대한 상상력이 가장 강한 힘을 발휘한 곳은 영국이었다. 그 무렵부터 배우자를 'Sir'나 'Madam' 같은 공식 명칭으로 부르던 풍속을 깨고 부부가 서로를 친근한 이름으로 부르기 시작했다. 1786년 런던을 방문했던 프랑스 귀족은 연애결혼이 차지하는 비중이 높은 것에 크게 놀랐다. 그리고 이 유행은 곧 다른 유럽 나라들로도 번져나갔다.

매너, 성욕에 고삐를 채우다

 우리에겐 자연의 경계를 넘어서는 성적 욕구에 대한 도덕적 응징이 필요하다. 그래야 너무 멀리 가지 않을 수 있다. 과도한 성적 욕구는 파렴치한 외설과 설명하기 힘든 성격적 결함으로 이어진다. 거친 욕망을 충족시키는 일을 가벼운 범죄로, 결혼의 신의를 가벼운 규범으로 간주하는 멍청이들이다. 하지만 방종의 희생양을 찾아 그들을 겁에 질리게 만드는 일은 그리 어렵지 않다. 나이는 젊으나 백발이 되어버린, 사색이 만연한 살아 있는 해골을 찾아 눈가의 자글자글한 주름과 가물가물한 기억력과 흐릿한 판단력이 방종한 성생활의 결과물이라고 말하면 된다. 우리의 욕망과 욕구는 그것을 적절하게 충족시키기 위해 정해놓은 행동 반경을 넘어선다. 우리는 우리의 도덕적 자유뿐 아니라 우리를 천박한 노예로 전락시키는 육체적 자유까지 포기해야 한다.

크리스티앙 고트프리드 플리트너Christian Gottfried Flittner가 1795년 발표한 《생식학 혹은 성생활의 전체적 이해》에 나타난 18세기의 도덕 관념은 이토록 비판적이다.

독일어로 출간된 이 책은 19세기 초에 영어로 번역되었다. 덴마크의 문화역사가 오베 브루젠도르프Ove Brusendorff와 폴 헨닝센Poul Henningsen에 따르면, 이 책은 당시 성교육 분야에서 가장 유명하고 중요한 작품이었다.

작가는 마치 선생님이 학생들에게 행동을 하나하

나 가르치듯 자신만의 언어를 사용하여 악습과 죄악을 열거하며 혹평을 가했다. 하지만 동시에 인간의 영혼은 잿더미 속에서도 다시 일어설 수 있으며 자신의 권리와 능력을 깨달을 수 있다는 점을 강조한다.

이를 통해 인간은 자신의 잃어버린 존재를 되찾을 수 있다고 말한다. 물론 그 존재는 시민 정신의 기준에 맞춰져 있다. 성적 이상향 또한 이 기준을 따른다. 사람은 한 편의 사랑과 다른 한 편의 날것 그대로의 욕망을 구분해야만 했다. 사랑은 정신적인 것이며, 그 반대 개념으로 분류된 성욕은 인간의 행동에서 몰아내야 마땅하다고 주장했다.

빅토리아 시대에 이르러 문명화된 행동을 위한 규범이 개발되었는데, 이에 따르면 이상적 인간에겐 짐승 같은 성적 충동이 없어야 했다. 규범은 단호한 어투로 성과 관련된 모든 대화를 금지했다.

과학 역시 과도한 성욕을 비정상 혹은 병적 증상으로 해석함으로써 생물학적 순리에 등을 돌렸다. 그 시대의 롤모델은 빅토리아 여왕이었다. 여왕이 보기에 성생활은 여자를 희생양으로 만드는 자존심 상하는 행위였다.

하지만 여왕은 동성 간의 연애를 금지하는 법률안을 제정하기 전까지 레즈비언이 존재한다는 사실도 몰랐다. 그녀는 레즈비언이 있다는 사실을 인정하지 않으면서 법률에서 여자와 관련된 조항을 모두 삭제했다.

영국에서는 남자의 동성애는 불법이지만 여자의 동성애는 범죄가 되지 않는 얄궂은 상황이 벌어졌다. 그리고 성에 적대적인 여왕의 견해는 모든 상류층이 따라야 할 규범에 고스란히 반영되었다.

빅토리아 시대의 풍속과 행동 규범에 반영된 동기는 같은 것이었다. 바로 사회적 차별화를 바라는 마음이었다. 상류층과 시민계급은 도덕과 예절을 통해 일반인들과 차이를 두길 원했다. 하류의 일반인들은 성욕을 자유롭게 표현하며 살았다. 하지만 중상류층 여자들은 평생 얌전빼며 살아야 했고, 충동을 드러내는 건 '이성적 능력이 떨어지는' 하류층 여자들에게만 허락됐다.

빅토리아 시대의 행동 규범은 청교도의 도덕 관념을 떠올리게 한다. 영국의 청교도들은 17세기부터 성에 관련된 일을 피하고 채식이나 냉수욕을 통해 욕구를 물리치려고 애썼다.

빅토리아 시대에는 자신의 도덕성을 다른 사람에게 드러내는 일이 매우 중요했다. 사람들은 어떤 상황에서도 미풍양속을 지켜야 했다. 심지어 여자들은 발목을 드러내는 것조차 금지되어서 수영할 때도 완벽하게 옷을 갖추어 입어야 했다. 마차로 갈 수 있는 해안가의 작은 수영장 건물에는 물 아래까지 계단이 내려져 있었고 여자

들이 그 계단으로 내려가 수영을 마치고 올라올 때까지
마차는 입구에 멈춰서 있었다. 남자 수영복 역시 팔꿈치
와 무릎 아래만 드러나는 차림이었다. 남녀 둘이 한 공간
에서 대화를 나누는 것도 부적절하다고 여겨졌다.

 작금의 사회적 풍속에 인정받고 싶어서 알랑거리
는 짓은 상황을 막론하고 단호하게 하지 말아야
한다. 대화는 다정하지 않을수록 좋고 사회는 좀
덜 안락해야 하는데, 다른 사람에게 알랑거리기
위한 에티켓과 언제라도 그렇게 변할 수 있는 예
의범절은 이에 걸맞지 않기 때문이다. 결혼한 젊
은 여자가 존경 받길 원하고, 그로 인해 평생을 행
복하게 살길 원한다면 조용하고 정중한 모습을 보
여야 한다. 유혹으로 오해받을 만한 소지가 하나
도 없는 품위 넘치는 태도로 남자를 대하는 것이,
그녀의 지위와 의무에 일치하는 태도다.

제인 아스터, 《상류사회를 위한 습관》, 1859.

당시 가장 유명한 예절 전문가는 블랑쉬 어거스틴
안젤 수아이에Blanche Augustine-Angèle Soyer 여사였다. 그
녀는 1890년부터 슈타프 남작Baronne Staffe이란 가명으

로 장차 여러 사람에게 인용될 예법서를 집필했다.

슈타프 남작은 많은 여자가 잊어버린 오래된 미풍양속 중 하나가 나이 많은 동행인을 동반해 남자들의 성적 충동을 잠재우는 풍습이라고 주장했다.

서른 살 이하거나 혹은 그보다 나이가 많은 여자라 할지라도 여전히 아름다움을 유지하고 있다면 절대 혼자 외출해선 안 된다. 대신 나이가 어느 정도 차서 더 이상 성적 충동을 일으키지 않을 만한 친구와 함께 사회생활을 즐기는 편이 좋다. 당사자 입장에선 이 상황이 즐겁지 않을지도 모르지만, 그래도 부정한 감정에 휘말리지 않을 수 있다.

슈타프 남작은 또한 불시에 일어난 연모의 감정에 대해서도 구체적인 대처 방안을 제시해 추문을 피할 수 있도록 했다.

결혼한 여자라면 누군가가 자신에게 반했다는 사실을 즉각 알아챌 것이다. 그렇다면 어떻게 행동해야 결혼한 여자가 지켜야 할 적절하고 존경 받을 만한 태도일까? 여자는 그 자리에서 위험으로부터 확실하게 자신을 보호해야 한다. 어머니나 남편과 항상 함께함으로써 제삼자인 다른 남자의 감정에 말려드는 상황을 거부해야 한다. 또한 그 남자와 마주칠 어떤 기회도 피해야 한다. 마음이 약해져서 꺾일 수도 있음에 경각심을 가져야 한다. 한번 그렇게 되면 다음이 어떻게 진행될지는 신만이 아신다.

슈타프 남작,《세계의 풍습》, 1890.

빅토리아 시대의 도덕은 성별을 엄격하게 나눴다. 책마저도 작가의 성별에 따라 책장을 분리해 진열했다. 어떤 여자들은 남자의 초상화만 걸려 있어도 그 방에서 잠을 자려 하지 않았다.

빅토리아 시대의 에티켓은 영어 사용법에서조차 성과 관련된 개념을 추방해버렸다. 프랑스 소설을 읽는 것만으로 부도덕하다는 평을 들어야 했다. '성', '팬티' 등의 단어는 여자가 사용할 수 없었다. 남편은 아내가 임신했다는 걸 알릴 때, 자기 아내가 '시골에 있다'고 말했다. 성적 자극에 민감한 신체 부위의 이름은 절대 언급될 수 없었다. 머리에서부터 가슴에 이르는 부위는 모두 가슴이라고 불렸고, 그 아래는 뭉뚱그려 모두 배라고 불렀다. 배보다 더 아랫부위에 대하여 말하는 것은 예의에 어긋났

성생활

다. 정황상 어쩔 수 없이 그곳에 대해 말해야 할 때는 '살아 있는 토끼', '거위 목', '소시지', '뜨거운 디저트' 등의 표현으로 은근히 암시하는 편을 택했다.

 약혼한 커플을 절대 단둘이 있도록 내버려 둬선 안 된다. 결혼식 선물은 잘 보이는 곳에 진열하되, 신부가 선물로 속옷을 받았다면 즉시 보이지 않는 곳에 숨겨야만 한다. 그것을 보면 신랑은 충격에 빠지고, 신부는 수치심에 얼굴이 빨갛게 불타오를 것이기 때문이다.

슈타프 남작, 《세계의 풍습》, 1890.

여자들이 의사 앞에서 불편한 곳을 설명해야 할 땐 자신의 앞에 놓인 봉제인형을 사용했다. 인형의 몸에서 아픈 부위를 짚어 보이면 부적절한 단어를 입에 올리는 일을 피할 수 있었다. 자기 몸을 어루만지는 일도 금지되었으며, 무엇보다 젊은 남자들에겐 엄격하게 금지됐다.

사람들은 자위 행위가 엄청난 후유증을 유발하며 결국엔 정신병을 일으킨다고 믿었다. 어떤 아버지들은 아들에게 정조대와 같은 작은 철망을 입힌 다음 그 열쇠를 자신이 보관하기도 했다. 자위를 막기 위해 남자아이의 성기가 빳빳해질 때마다 부모 방에 달린 종이 울리는 장치가 발명되기도 했다. 밤이면 부모가 침대 틀에 아이들의 팔을 묶는 일도 흔했다.

사람들은 정숙한 여자에겐 성감이 아예 없다고 믿었다. 결혼한 여자에게 남편과 잠자리를 할 때는 눈을 감고 조국을 생각하라고 조언했다는 사실이 당시의 관념을 대표적으로 보여준다.

실베이너스 스탈Sylvanus Stall이 1897년 발표한 《젊은 남편이 알아야 할 것들》이란 지침서에서 부부에게 허락된 최대 성관계 횟수는 주 1회였다. 그나마도 관계는 항상 어두운 방에서 치러져야 했다. 부부 사이라 하더라도 벗은 몸을 직접 봐선 안 되기 때문이었다.

하지만 누군가 빅토리아 시대의 인간상을 복원하고자 할 때, 당시의 예법서만을 바탕으로 한다면 당시 사회상의 특정 면을 부각하는 데 그치고 말 것이다. '빅토리아 시대의 이중 도덕'을 드러내는 대표적인 증거를 그 어떤 시대보다 번화했던 빅토리아 시대에 런던의 사창가에서 찾을 수 있다.

그 말인즉슨, 교양인의 집단 안에서 혹은 공식적인 장소에서 성은 말하는 것은 물론 생각하는 것조차 금지된 주제였다. 하지만 커튼 뒤에서 혹은 마음속으로는 사람들이 끊임없이 그것에 대해 생각하느라 바빴다. 슈타프 남작 또한 이 사실을 잘 알고 있어서 훌륭한 아내는 남편이 사창가를 찾는 것을 두고 뭐라고 하지 않는 법이라고 가르쳤다.

 너희들의 의심을 발설하지 말라. 너희들은 아마 불행하다고 느낄지도 모르고 가슴이 무너지는 고통을 맛볼 수도 있다. 하지만 그렇다고 너희들마저 다른 곳에서 위안을 찾아선 안 된다. 그것은 위험하고 너희의 인생을 죄악으로 물들일 수도 있기 때문이다. 그냥 너희의 숙명을 받아들여라. 오직 너희 아이들을 지키는 데 인생을 바쳐라.

빅토리아 시대에 집은 개인적인 생활 공간으로 중요하게 평가되었다. 하지만 남자들은 집 밖 거리로 나서는 순간 존경 받는 아버지의 역할이나 가장의 의무로부터 완벽하게 자유로워졌다. 앞서 언급한 예법서에도 분명하게 알 수 있듯이 남자와 여자의 역할은 판이했다. 19세기에 한 유부녀는 자기 남편과 남편의 친구들과 함께 레스토랑에서 식사를 했다는 이유만으로 추문에 휩싸였다. 반면, 유부남은 낯선 여자와 레스토랑에 앉아 밥을 먹다가 들켜도 그걸 본 사람들은 마치 그를 알아보지 못한 것처럼 침묵하고 넘어갔다.

19세기 사람들은 '욕망'을 말하고, 요즘 사람들은 '관계'를 말한다. 성을 말할 때 사용되는 표현의 변화는 오늘날의 성이 본능적이고 충동적인 삶의 영역보다는 사회적 영역에 속해 있다는 점을 보여준다. 성에 관한 공공의 태도 또한 지난 백 년간 가파르게 변했다. 오늘날엔 침대에서 바람직한 매너나 잠자리에서 피해야 할 행동 등을 찾아 예법서를 뒤져봤자 별 소득이 없을 것이다.

대신 섹스에 관한 조언들은 다양한 체위에 관한, 그리고 소위 '훌륭한 섹스'를 위한 풍부한 정보를 제공하며 일반적으로 잘 알려지지 않았던 새로운 '진실'을 알려준다. 진실은 바로 최선을 다해 공개적으로 섹스에 관해 얘기하는 것이 행복으로 가는 디딤돌이 된다는 것이다. 여성용 잡지나 타블로이드 신문처럼 가벼운 읽을거리들은 훌륭한 섹스란 무엇이며, 과연 어떻게 도달할 수 있느냐는 질문에 부단히 관심을 기울인다. 아리스토텔레스를 비롯한 많은 철학자가 좋은 삶이 무엇인가를 알아내기 위해 인생을 바쳤다면 오늘날 사람들은 어떻게 진정한 오르가슴에 이를 수 있는가를 알아내는 데 모든 정신력을 쏟는다.

하지만 공개적으로 드러나는 실제 행동은 이러한

문화적 흐름과 정반대의 방향으로 나아가고 있다. 중세에는 남자가 처음 보는 여자의 가슴을 만지는 행위가 허용됐다. 너무 세게 누르지만 않으면 괜찮았다. 하지만 요즘 모르는 사람에게 그런 식으로 신체 접촉을 시도하는 것은 명백한 금기다. 실수로 다른 사람의 몸을 건드렸다고 해도 그 자리에서 즉시 사과해야 한다. 사과의 강도는 만진 부위가 성적으로 얼마나 많은 의미를 내포하고 있는지에 달렸다. 사람들은 얼마든지 섹스에 관해 공공연하고 구체적으로 말할 수 있지만, 조금이라도 다른 사람의 몸을 건드렸다면 성추행범으로 내몰린다.

문명화된 인간은 보편적인 관념에 따라 욕망과 사랑의 대상 혹은 증오의 대상에게 즉흥적으로 손을 대지 않는다. 라 살이 이미 18세기에 제시한 이러한 행동 원칙은 문명화된 태도의 척도이자, 성인과 아이를 가르는 기준이 된다. "아이들은 옷을 만져보는 것을 좋아한다. 그리고 마음에 드는 것은 무엇이든지 손으로 잡아보려고 한다. 이러한 습성은 고쳐줘야 한다. 눈에 보이는 것은 그저 눈으로만 만져야 한다는 것을 가르쳐야 한다"는 라 살의 가르침은 날이 갈수록 '시각 현실'이 더 중요해지는 오늘날에 딱 들어맞는 말인지도 모른다. 무엇보다 에로티시즘과 관련된 산업에서 모든 것이 물리적 요소 없이 시각적으로만 돌아가는 경우가 허다하다.

이성을 똑바로 바라보는 일이 제한됐던 시절부터 인간의 문화는 의복을 통해 신체의 성적 매력을 강조하려는 욕구를 실현했다. 15, 16세기에 사용됐던 코드피스는 원래 남성의 성기를 보호하려는 데 목적이 있었다. 하지만 곧 그것을 착용해 남성성을 과장하는 디자인이 출시되었다.

19세기 여성용 코르셋 역시 꼿꼿한 자세를 유지하도록 도와주는 용도만이 아니었다. 당시 이상형에 따라 여성의 몸을 에로틱하게 부풀리는 기능을 했다. 여성들은 또한 아주 오래전부터 브래지어를 착용해왔는데, 이 역시 편안함이나 실용성의 측면은 전혀 고려되지 않은 채 디자인되었다. 가슴을 에로틱하게 강조하다 못해 부풀리기까지 한 상품들은 오늘날 엄청난 판매량을 기록한다. 유행은 시대에 따라 빠르고 다르게 변하지만, 젊은 여자들의 옷은 한결 같이 그들의 성적 매력을 드러내는 쪽으로 발전해왔다.

오늘날에는 삶의 영역 곳곳에서, 심지어는 엘리트 스포츠와 정치에서까지 성적 매력이 강조되고 있다. 에로틱한 면이 강조된 화보를 빼놓고선 연예 산업을 논하기 어렵고, 사람들은 섹슈얼 코드를 활용해 모든 것을 팔아넘긴다. 이런 분위기 속에서 공개적으로, 그리고 개방적으로 성에 대해 말하지 못하는 사람은 정서적 균형에 문제가 있는 것처럼 여겨진다.

영국 의사 로버트 윈스톤Robert Winston의 견해에 따르면, 섹스가 곧 문화적 강박이 되었다. 우리가 과도하게 성에 몰두하는 사람이 아니더라도 우리는 시간의 상당 부분을 섹스와 번식을 위한 행동에 사용하고 있다. 우리는 돈과 경력, 준수한 외모 혹은 성공을 드러내는 여타의 증표들을 갖길 원한다. 그런 것의 도움을 받아야 최상의 배우자를 얻을 수 있기 때문이다.

성은 이렇게 우리 문화의 일부로 수용되었다. 하지만 실제로 수용된 것은 시각적, 관념적 측면에 불과하다. 물리적으로는 사적 영역이 오히려 이전보다 더 신성시되는 경향을 보인다.

우리 생활에서 성은 이미 자릿세를 충분히 내고 있다고 주장하는 목소리도 있지만, 이는 '광야에서 외치는 외로운 소리'에 지나지 않는다. 공공 영역에서의 성적 자극은 이미 제동을 걸기 어려운 수준으로 번졌다. 문화에 법적으로 개입하는 것이 불가능하진 않지만 부작용을 일으킬 소지가 많다. 제동을 거는 것이 애당초 필요한지를 자문할 필요도 있다. 그간 서양의 문명화 과정을 돌이켜볼 때, 사생활 영역에서 일어나는 구체적인 성적 행동을 제한하는 능력이 그 과정 자체에 있음이 증명됐기 때문이다.

우리의 시각적 환경은 갈수록 더 많은 성적 자극을 제공하지만, 그렇다고 이 자극이 충동적인 성행위로 직결되는 것은 아니다. 적절한 사회적 행동에 대한 기준과 풍속이 행위를 통제하기 때문이다. 이는 지난 수백 년간 지속적으로 작동해온 구조다. 매너와 사회적 문명화가 인간의 본능적 행동을 제한하는 정신적 울타리 역할을 하는 셈이다. 이 울타리 안에서 지켜야 할 기본 원칙은 단한 가지다.

"보기만 하고 만지지는 마세요!"

디지털 중세시대

사람들은 이제 SNS 공간에서 허세를 떨고
서로를 유혹하고 행패를 부린다.
중세 기사들의 무절제한 태도가 또다시 만개하고 있다.

9.

새로운 커뮤니케이션 기술은 전 세계를 하나의 마을로 바꾸었다. 그 덕분에 오늘날엔 다른 문화와 풍속을 알아가는 일이 한결 쉬워졌다. 사람들은 소파에 편안히 앉아서도 위성방송 채널이나 인터넷을 통해 지구 반대편 문화권에 다다를 수 있다. 중세 유럽의 암흑 속에서 종교 전쟁의 프로파간다나 서로 적대시하는 군주들이 조작한 소문으로만 바깥 세계에 대한 정보를 얻던 시대는 오래전에 끝이 났다. 사실 당시엔 다른 문화나 풍습에 관한 호기심도 적었다. 하루하루가 생존을 위한 전쟁이었으니 그럴 겨를이 없었다.

커뮤니케이션 기술이 문명화에 미친 영향력은 매우 크다. 하지만 얄팍하다. 홍수처럼 밀려드는 새로운 예능 채널에 비교하자면 다른 문화를 진지하게 소개하는

TV 채널은 극히 일부에 지나지 않는다. 실제 유럽에서 흔히 볼 수 있는 리얼리티 TV 속에서는 다 큰 어른들이 서로를 비웃고 상식을 벗어난 방식으로 서로를 이기려고 안달한다. 마치 중세 궁궐 안의 광대들을 보는 것 같다. 에라스무스 폰 로테르담이 이런 프로그램을 본다면 뭐라고 할지 생각해본 적이 있다. 자신의 후손들이 닫힌 집 안에서 비행을 저지르고, 커플들이 모여서 서로에게 불륜을 조장하고, 짝을 찾는다며 이국적인 섬에 벌거벗고 모여서 야단법석을 피우는 장면을 보게 된다면. 아마도 에라스무스는 깜짝 놀란 나머지 손바닥으로 얼굴을 가리는 '페이스 팜face palm' 움짤을 블로그에 올릴지도 모른다.

인터넷은 문화 간 가교 역할을 하기도 한다. 하지만 인터넷 세계의 예절 지도서인 '네티켓'은 온라인상에서 벌어지는 공격적 행위들을 제어하는 데 성공하지 못했다. 공격 행위는 새로운 흐름이 등장할 때마다 그에 걸맞은 새로운 형식을 차용한다. 인종주의가 그 대표적 사례다. 인류의 오래된 역병은 유럽연합이 중동 난민을 적극적으로 수용하기로 한 2015년 유럽 전역에 새삼스레 몰아닥쳤다. 외국인 적대주의는 처음엔 소셜네트워크를 타고 퍼졌고, 소셜네트워크의 여론 형성 기능이 막강해지자 기존 미디어들조차 그 동향을 참조하여 보도했다. 그러자 언론이 갖춰야 할 기준 같은 것을 유념치 않고 일하는 백인 편향적 미디어들이 다시 여기에 반응했고, 불에 기름을 부은 것처럼 난민에 대한 적대적 여론은 활활 타올랐다. 악순환의 고리가 완성된 것이다.

유럽 풍속 문화가 역사적으로 발전해가는 과정을 살펴보면, 훌륭한 매너가 궁정 귀족의 담장 안에서 시작돼 시민계급으로 옮겨갔다가 마침내 일반 민중에게까지 퍼지는 과정에 감동을 받곤 한다. 인터넷과 소셜미디어도 처음엔 사람들을 서로 연결해주고 새로운 친구 관계를 맺는 데 기여했다. 하지만 지금 온라인상에서 벌어지는 나르시시스트들의 자화자찬과 악플러들의 장황한 험담을 보고 있자면 중세의 통제되지 못한 행실이 가상세계라는 새집을 구했다는 인상을 지울 수 없다.

대면의 어려움 – 가상세계, 트롤 그리고 현실

오늘날 사람들이 소셜네트워크 안에서 보내는 일상의 비중은 점점 늘어나는 추세다. 가상세계는 오프라인 생활을 규정하는 행동 규범과 다른 기준의 지배를 받는다. 그러니 소셜네트워크나 온라인상 토론 공간에 지나치게 경도된 사람은 현실세계를 바라보는 관점이 일그러지기 쉽다. 직접 사람과 마주치고 소통하는 기회가 사라지면, 정중하게 행동하는 법과 공격적 감정을 통제하는 법을 순식간에 잊어버리고 만다.

때로는 온라인 현실을 관리하는 사람들의 사고방식이 상식의 범위를 벗어날 때도 있다. 예컨대, 소셜네트워크를 운영하는 대기업 일부는 모유 수유 중인 엄마나 노출이 심한 사람의 사진은 플랫폼에서 삭제하면서 공공연한 혐오 발언에 대해서는 엄격하게 통제하지 않는다. 의견 개진의 자유를 제한한다는 비판이 두려워서다.

미국 심리학자인 존 술러John Suller는 2004년 발표한 기고문에서 사람들이 인터넷상에서 공격적으로 행동하는 이유에 대한 연구 결과를 공개했다. 그의 주장에 따르면, 익명성이 실제 생활에선 절대 하지 않을 행동을 할 수 있도록 독려하는 요인이었다.

인터넷 상에서 사람들은 자신의 존재를 덜 민감하게 인식한다. 온라인으로 소통하는 동안에는 상대방이 어떤 표정을 짓는지, 코를 훌쩍이는지 혹은 고개를 흔드는지를 알 수 없다. 서로 눈을 바라보며 얘기하지 않으니 비언어적 커뮤니케이션의 신호들은 없는 셈이 된다.

그래서 사람들은 자신이 소통하고 있는 상대의 성격을 자기 마음대로 정의한다. 이 과정에선 실제 상대의 성격보다는 자신의 바람, 욕망, 희망 등이 중요하게 반영된다. 이렇게 만들어진 판타지는 새로운 사회적 현실을 구축하고, 그곳은 온라인에서 형성된 새로운 정체성이 옆

치락뒤치락하는 전쟁터가 된다.

온라인 커뮤니케이션은 시공간에 구애받지 않는다. 소통하다가 언제라도 그만둘 수 있다. 얼굴을 마주한 소통에선 상대방을 고려할 수밖에 없지만, 인터넷에선 아무런 제한 없이 자신의 주장을 펼칠 수 있다. 상대의 반응을 그 자리에서 수용하지 않아도 되기 때문이다. 여차하면 컴퓨터를 꺼버리면 된다.

술러의 연구에 따르면, 어떤 사람들에게 인터넷상의 인생은 게임과 같다. 그곳에선 일상의 기준과 규칙은 힘을 잃고 무조건 자기가 원할 때 하던 일을 그만둘 수 있다. 현실 도피의 공간으로 안성맞춤이다. 사람들은 일상의 규칙은 잊어버리고 자기가 하고 싶은 대로 해버린다. 자기 행동의 결과 따위는 신경 쓰지 않아도 된다.

하지만 온라인상 개인의 무절제한 행동이 더욱 더 위험한 것은 그런 행동이 집단 압력에 의해 이뤄질 때다. 인터넷 현실에서 생겨난 집단 압력은 예상치 못한 결과를 낳을 수도 있다. 인터넷상 집단 압력은 해당 집단에 속한 구성원을 향한 연민의 감정으로 발현되기보다는 집단적 행동력을 과시하는 용도로 쓰일 때가 많다.

핀란드 사람들은 '군중은 바보짓에 몰두한다'라는 말을 흔히 하는데, 디지털 군중도 예외가 아니다. 잉글랜드 축구팀 아스널FC의 프랑스인 감독인 아르센 벵거

Arsène Wenger는 소셜네트워크에서 유럽 축구팬들이 드러내는 공격성에 관해 우려를 표한 적이 있다. 그는 그런 공격성 때문에 축구 문화 전체가 엉망진창이 될 수도 있다고 주장했다.

벵거는 축구전문 사이트 '골닷컴goal.com'과의 인터뷰에서 일개 팬의 비판적 견해가 소셜네트워크를 타고 옮겨지는 과정에서 갑자기 커다란 분노로 발전해서 어떤 흐름을 만들 수 있다고 설명했다. 축구팬들의 폭력적 언사가 하나의 현상으로 받아들여진 것은 소셜네트워크의 탄생보다도 훨씬 오래된 일이라는 것을 떠올린다면 그의 관찰은 놀라운 시사점을 제시한다.

교사나 언론인, 학자들을 향한 즉흥적 감정 표출도 온라인상에선 비일비재하다. 지식을 생산하고, 전달하는 사람과 그들이 가진 전문 지식은 무분별한 검증 아래 놓인다. 의식적인 공격 선동으로 혼란을 부추기거나 특정한 전문지식 혹은 전문가에 대한 분노를 조장하는 이러한 온라인상의 행위를 북유럽 전설 속 괴물의 이름을 따 '트롤troll'이라고 부른다.

흔히 트롤은 익명성의 보호 아래 이뤄지지만, 간혹 특정 사회나 사회적 운동에 맞서 싸우겠노라며 개인이 웹사이트를 개설하는 경우도 있다. 그런 부류의 트롤들은 어떤 정치적 목표를 추구하기도 하지만 보통은 사적인 동기에서 특정 개인이나 집단에 대한 공격을 감행한다. 어떤 경우에라도 주된 동기는 같다. 인터넷의 도움으로 부정적인 감정과 불화를 표출하고자 하는 것이다.

인터넷 세상과 소셜네트워크는 나름의 현실세계를 구축했고, 그 안에서 사람들은 무엇을 원하는지, 어떻게 사는지, 그리고 무엇을 좋아하는지 등을 드러낸다. 그런데 온라인상에서만 허용되던 행동의 패턴이 실제 물리적으로 사람들이 마주치는 공간으로 확산될 때 최악의 상황이 벌어진다.

인터넷의 발달로 가상세계 안에서 더 이상 감정표현을 통제하지 않아도 되는 새로운 '디지털 중세기'가 열린 것인가? 우리는 새로운 공격성의 시대를 살고 있는가? 비록 말에 지나지 않는 칼이라 할지라도 우리는 이미 손에 쥔 칼로 대화 상대를 내리치고 있진 않은가? 오늘날 디지털 중세기에선 맞대응과 비아냥거림, 공격과 연민의 상실이 일상화되어 버렸다.

물론 사람들은 이미 오래전부터 누군가를 혐오하는 말을 하며 살았다. 고도로 발달한 도구가 없었을 뿐이다. 도미니카 수도회에서 인터넷을 쓸 수 있었다면 마녀들을 좀 더 잔인하게 처형할 수 있었을 것이다. 심문자들이 이단을 사냥할 때 소셜네트워크와 온라인 토론방이 얼마나 유용한 염탐 도구로 활용될지는 눈앞에 선하다.

사실 사람이 글을 쓸 수 있게 된 이래로 '트롤'은 항상 있었다. 고대 그리스 사람들은 시인들이 악의적인 표현을 하거나 욕설로 된 시를 발표하는 것을 두려워했다. 약강격의 형식을 띤 시가 주로 악의가 짙었다. 예를 들어, 회의주의자였던 티몬 폰 퓔로이스Timon von Phleius는 기원전 250년경 발표한 '실로이'란 풍자시에서 당대의 철학자들을 '모든 이의 수치'라고 공격했다.

르네상스 시대의 이탈리아에서도 좋은 시를 쓸 역량이 부족한 시인들이 다른 사람의 명예를 훼손하는 데 기꺼이 참여했다. 모욕시의 창작자로 가장 유명한 이는 풍자 시인 피에트로 아레티노Pietro Aretino였다. 그는 조롱하고자 하는 대상에게 공개서한을 보냈다. 1525년 아레티노에게 무례한 편지를 받은 상대는 그를 살해하고자 했고 그 시도는 거의 성공할 뻔했다. 그러자 아레티노는 베네치아로 도망친 다음 당시 유럽을 통치하고 있던 두 군주, 프란츠 1세와 칼 5세에게 자신의 은퇴 자금을 지원해달라고 요청했다. 아레티노의 풍자시에 농락 당하고 싶지 않았던 두 군주 모두 그가 달라는 대로 지원금을 보냈다.

온라인의 나르시시스트

그리스 신화 속 나르시스는 호수에 비친 자신의 모습을 보고 사랑에 빠진 나머지 먹는 일을 잊어 결국 말라 죽고 만다. 오늘날 사람들은 소셜네트워크에서 새로운 자아상을 구축한다. 그런데 종종 그 모습은 놀이공원의 뒤틀린 거울에 비친 것처럼 왜곡되어 있다.

'후 이즈 호스팅 디스 닷컴WhoIsHostingThis.com' 이 인터넷 사용자들을 대상으로 진행한 조사에서는 소셜네트워크에서 거짓말이 얼마나 비일비재한지를 보여준다. 예를 들어, 많은 인터넷 사용자가 사실은 집에 편하게 앉아 있으면서도 소셜네트워크의 '현재 상태'에는 마치 흥미로운 활동을 하는 것처럼 쓴 적이 있다고 밝혔다. 또한 응답자의 상당수가 자신의 SNS 계정 프로필에 거짓 정보를 쓴 적이 있다고 고백했다. 연구 결과에 따르면 이들 응답자의 3분의 1 이상이 병적 자기 중심성을 보였다.

웨스턴 일리노이 대학의 크리스토퍼 카펜터Christopher Carpenter 교수 역시 2012년 SNS 사용자들의 인정 욕구에 관한 연구 결과를 발표했다. 빈번한 '현재 상태' 업데이트, 새로운 '셀피Selfi', 꾸준한 프로필 개선 등이 이를 측정하는 기준이었다. 카펜터 교수는 사용자들은 아무도 자신의 '현재 상태'에 댓글을 달지 않거나 공개적으로 비판적인 코멘트가 달릴 때 분노한다는 결론을 내렸다. 연구 결과는 SNS가 나르시시스트적인 행동을 부추긴다는 점을 증명했다. 수백 명과 피상적인 관계를 맺을 수 있도록 해주고 실제 정서와 결합하지 않은 커뮤니케이션이 가능하도록 만들기 때문이다.

유달리 SNS 친구를 많이 모으는 사람에게는 노출증적 나르시시즘의 경향이 관찰됐다. 그들의 계정에선 미화된 자아상만이 아니라 다른 사람을 조종하고 착취하려는 욕망이 도드라졌다. 우리는 나르시스 신화의 결말을 떠올릴 필요가 있다. 님프들은 나르시스가 빠져 죽은 호수 가에 앉아, 님프 에코가 나르시스로부터 매몰차게 거절당했을 때 쉬었던 큰 한숨 소리를 끊임없이 반복했다. 인터넷에 셀피를 올리는 사람들도 그 사진이 영원토록 온라인상에 떠돌아다닐 수도 있다는 사실에 경각심을 가져야 한다.

프랑스 철학자 장 자크 루소Jean-Jacques Rousseau는 1750년 《과학과 예술론》에서 이미 비슷한 관찰 결과를 내놓았다. 루소는 과학과 예술은 인류에게 아무런 소용이 없다고 주장했는데, 그 까닭은 그것들은 인간의 욕망이 아니라 자존심과 명예욕만을 충족시키기 때문이라고 했다. 물질적 성장은 진정한 우정을 파괴하고 그 자리를 질투와 공포, 불신으로 채웠다. 루소의 견해에 따르면,

사회적 종속 관계의 발달은 인간의 안녕에 해를 끼쳤다. 자신을 향한 긍정적인 사랑은 이기심으로 변했다. 자연스러운 자기보호 본능이 전자에 속한다면, 후자는 작위적인 감정으로 다른 사람과 비교하게 만드는 동기가 된다. 후자의 감정은 부당한 공포심을 조장하고 인간의 가슴 속에 다른 사람의 약점과 실패에 즐거움을 느끼는 '샤덴프로이데'가 움트도록 한다.

루소가 오늘날까지 살아 있다면, 아마 SNS 친구가 그리 많지 않을 것이다. 그는 다른 사람의 게시물에 '좋아요'를 누르지 않을 것이다. 루소도 자기 중심성이 강한 인물이었지만, 그렇다고 해서 유럽의 대도시 행인들을 배경으로 셀카봉을 치켜들거나, 끊임없는 '현재 상태' 업데이트로 자신의 우수성을 세계만방에 알리려고 애쓰지는 않을 것이다. 대신 인간의 나르시시즘과 문명의 퇴보에 대해 냉소적인 코멘트를 날릴 가능성이 높다. 루소의 눈엔 SNS 프로필과 태양왕의 궁전 사이에 큰 차이가 없어 보일 것이다. 파우더와 향수, 외형적 예의범절 아래에 사람의 본모습을 숨기기는 매일반이니 말이다.

루소가 SNS 중독자들의 야단법석에는 익숙할지 몰라도, 디지털 시대의 소통 문화에는 경악을 금치 못할 것이 분명하다. 루소 역시 자신의 의견을 피력하는 데 거침이 없었고 냉정하게 굴 때도 적지 않았지만, 익명의 위협이나 공격적인 주장이 난무하는 지금의 모습에는 깜짝 놀랄 것이다. 그는 이런 모습을 시대의 인간성이 계몽시대 이전으로, 즉 소수에 대한 혐오 발언에 대중이 선동되었던 종교전쟁 시대의 수준으로 퇴보한 증거라고 여길 수도 있다.

고고학자들이 바빌론의 유적지에서 기원전 1750년경 제
작된 점토판 한 점을 발견했다. 거기엔 '아버지와 버르장
머리 없는 아들'이란 제목의 글이 적혀 있었다. 수메르인
아버지가 학교를 그만두고 바빌론 거리를 휘젓고 다니면
서 못된 행실을 일삼는 버르장머리 없는 아들을 꾸짖는
내용이었다.

학교로 가라. 선생님 앞으로 나가 숙제를 발표하
고 가방을 열고 칠판에 적힌 대로 받아 적어라.
(...) 사람이 되어라. 시장을 떠돌아다니거나 거리
를 배회하거나 여기저기 기웃대지 마라. 겸손하게
선생님을 무서워해라. 네가 선생님을 무서워한다
면 선생님은 너를 좋아할 것이다. 시장 바닥을 떠
돌아다니면서 이룰 수 있는 것이 도대체 무어냐?
너, 이 몹쓸 놈아, 나는 네가 걱정스럽다. 내가 하
는 얘기를 잘 들으면 미친놈도 똑똑해지고, 뱀도

얌전히 길들이며, 너도 나쁜 행실을 벗어날 수 있다. 네가 내는 시끄러운 소리에 나는 분통이 터진다. 네 우물거리는 소리가 신경에 거슬린다. 너 때문에 내가 죽을 지경이다. 내가 언제 너에게 나가서 돈을 벌어 네 생활비를 마련하라고 말한 적이 있느냐. 네 또래는 벌써 일을 해서 부모를 부양하고 있는데, 너는 정말 네 친척만큼도 일하지 않는구나.

거의 4천 년 전에 한 아버지가 쓴 이 꾸지람은 적어도 아들에 관해서는 변한 게 하나도 없다는 사실을 깨닫게 한다. 요즘 말로 요약하자면 "귀신같은 머리카락 좀 자르고 일자리를 찾거라"라는 얘기다. 오늘날의 부모들도 자식들이 버르장머리 없다고 생각하면서 자신들이 어릴 때 그따위 행동은 상상도 못했다고 말할 것이다.

점토판에 적힌 글은 세대 갈등은 항상 있었으며 그 갈등은 관습과 행실을 두고 가장 선명하게 드러났다는 사실에 대한 귀여운 증거다. 한 세대가 자신들의 관습을 모범으로 내세우는 일 또한 항상 있었다. 시대마다 예법서가 권하는 예절의 형식은 서로 달랐지만, 규범들 사이에 항상 끼어 있는 구절이 있었다. 바로, 요즘 젊은이들이 썩어빠졌다는 것. 모든 세대가 이처럼 새로운 세대를 비판하는 노래를 불렀으며, 이 돌림 노래의 근원을 따져보니 고대에 티그리스와 유프라테스강 유역에 살았던 걱정 많은 부모로부터 시작됐던 것이다.

　이 책을 통해 우리는 유럽인들의 행동 방식이 바뀌게 된 동기 중 잘 알려지지 않았던 면에 초점을 맞추려는 시도를 해보았다. 다른 한편으로는 그러한 변화가 무조건 좋은 결과를 보장한 것만은 아니었다는 점을 증명했다. 예법서가 사람이 어떻게 행동해야 하는지를 설명하는 데 중점을 뒀다면, 이 책은 왜 그렇게 행동해야 했는지를 설명하려 애썼다.

　풍속 문화에 관한 역사는 항상 훌륭한 교훈을 주는 것은 아니다. 하지만 그것을 아는 것에서 위로를 얻을 수는 있다. 이제는 당연하게만 보이는 서양의 생활 방식이 어떤 식으로 형성되었는지를 알 수 있도록 도와주기 때문이다. 위대한 역사철학가인 헤겔은 "미네르바의 부엉이는 새벽녘에 날개를 펼친다"라는 말을 남겼다. 고대 사람들은 부엉이가 지혜의 여신인 미네르바를 동행한다고 생각했다. 그렇다면 오늘날 인터넷 세계 속 시간에서 부엉이는 어디에 있는가. 짐작건대, 둥지에 앉아 두 눈을 꼭 감고 있을 것이다.

　　사회는 변했다. 행동 방식도 변했다. 그러니 인간도 변해야 하지 않겠느냐는 질문이 뒤따른다. 대답은 '그렇다'일 수도, '아니다'일 수도 있다. 사회의 발전은 새로운 행동 기준을 탄생시키고, 달라진 생활환경은 새로운 사회적 능력을 요구한다. 오늘날 서양 세계의 '기본 에티켓'은 이미 확립되었기 때문에 체감하기 어려울 만큼 아주 느리게 변화가 진행된다. 대신, 사람들은 점점 더 다양해지는 관습을 조금 덜 피상적인 수준에서 다루는 일에 통달해야만 한다. 다양성의 증가로 이제 하나의 사회는 다양한 서브컬처로 구성되고 그 하위문화의 가짓수는 점점 늘어난다. 한 서브컬처 안에서 바람직한 행동이란 특정한 사회적 요소에 의해 규정되는데, 그 요소는 유행이나 생활 양식, 문화적 배경일 수도 있으며 혹은 이데올로기적 세계관일 수도 있다. 오늘을 사는 우리 각자에게는 이런 집단의 행동을 관통하는 코드를 알아내는 것이 하나의 중요한 과제가 되었다.

일상적 환경에서 우리의 행동은 더 이상 폭력성을 노골적으로 드러내지 않는다. 하지만 인간의 존재 자체는 바뀌지 않는다. 인간에게 '본래의 특성'이란 없다. 인간은 자신을 둘러싼 사회가 지향하는 곳을 향하여 나아간다. 우리의 행동도 본질에서는 사회적 기준을 이행하려는 노력의 일부다. 하지만 최고의 예절은 언제나 진심에서 우러나와야 하는 법이다.

본질은 다른 사람을 제대로 배려하려는 마음에 있다. 그러므로 진정한 문명과 진정으로 문명화된 몸가짐은 규칙과 본보기를 기계처럼 따르는 것이 아니라, 근대의 가장 중요한 도덕가인 임마누엘 칸트Immanuel Kant가 말한 대로 "인간 스스로 초래한 미성년의 상태에서 벗어나는 것"이다. 즉, 자신의 건전한 오성悟性에 따라 자유롭게 결정하고, 결정한 바를 실천하는 사람이 문명인이다. 오성은 윤리적 질문에 답을 내리고, 사회에서 다른 사람을 대하는 적절한 태도와 그렇지 않은 태도를 결정한다. 물론 인터넷 공간 역시 이 사회의 하나다.

옮긴이 이지윤

한국외국어대학교 영어과를 졸업하고 〈프레시안〉에서 5년간 정치 기사를 썼다. 2008년 이후 독일로 이주하여 독일 풀다 대학교에서 '문화 간 소통'을 주제로 석사 학위를 받았다. 정갈하고 명료한 문장이 장점이다. 지금은 출판 번역 에이전시 베네트랜스에서 '문화 간 소통'을 번역으로 중개하고 있다. 옮긴 책으로 《지적인 낙관주의자》, 《두 개의 독일》, 《세금전쟁》 등이 있다.

초판 1쇄 발행	2019년 10월 23일
초판 2쇄 발행	2020년 2월 10일
지은이	아리 투루넨 & 마르쿠스 파르타넨
옮긴이	이지윤
발행인	윤호권
본부장	김경섭
책임편집	송현경
기획편집	정은미 · 정상미 · 정인경 · 김하영
디자인	정정은 · 김덕오
마케팅	윤주환 · 어윤지 · 이강희
제작	정웅래 · 김영훈
발행처	지식너머
출판등록	제2013-000128호
주소	서울특별시 서초구 사임당로 82 (우편번호 06641)
전화	편집 (02) 3487-1141, 영업 (02) 3471-8044
ISBN	978-89-527-3984-1 03300

지식너머는 ㈜시공사의 임프린트입니다.